項羽と劉邦の霊言

劉邦編

天下統一の秘術

大川隆法
RYUHO OKAWA

本霊言は、2014年2月20日、幸福の科学総合本部にて、
質問者との対話形式で公開収録された(写真上・下)。

まえがき

劉邦は、まことにとらえどころのない人物である。スケールが大きくて善悪を超越したところがある。ノラリクラリと言を左右にしたり、けむに巻くうまさは、達人芸《たつじんげい》の域に達しているだろう。

一見、単線的に見える項羽の方が、実は秀才で誠実な人なのかもしれない。野心がないわけではない。ただ大胆さと臆病《おくびょう》さの両者を兼ね備えた人間臭さの奥に、煩悩《ぼんのう》の海を泳ぎ渡ってゆく力強さがある。

一見、無戒律で、仏教の正反対の位置にいるような浄土真宗が、一向一揆《いっこういっき》的に、長年にわたって天敵信長と戦い続けて、死骸《しがい》の山を築いた理由が、本書で初めて明らかになった。そして現代における世界制覇《せいは》とは何か、を新たに指し示したのだ。『項羽編』同様、読みのがしてはならない一冊である。

二〇一四年　四月三日

幸福《こうふく》の科学《かがく》グループ創始者兼総裁《そうししゃけんそうさい》　大川隆法《おおかわりゅうほう》

項羽と劉邦の霊言　劉邦編――天下統一の秘術　目次

項羽《こうう》と劉邦《りゅうほう》の霊言《れいげん》 劉邦編――天下統一の秘術

二〇一四年二月二十日 収録
東京都・幸福の科学総合本部にて

「霊言現象《れいげん》」とは、あの世の霊存在の言葉を語り下ろす現象のことをいう。これは高度な悟《さと》りを開いた者に特有のものであり、「霊媒現象《れいばい》」（トランス状態になって意識を失い、霊が一方的にしゃべる現象）とは異なる。外国人霊の霊言の場合には、霊言現象を行う者の言語中枢《ちゅうすう》から、必要な言葉を選び出し、日本語で語ることも可能である。

なお、「霊言」は、あくまでも霊人の意見であり、幸福の科学グループとしての見解と矛盾《むじゅん》する内容を含《ふく》む場合がある点、付記しておきたい。

項羽《こうう》と劉邦《りゅうほう》の霊言《れいげん》

劉邦編――天下統一の秘術

二〇一四年二月二十日　収録

東京都・幸福の科学総合本部にて

劉邦《りゅうほう》（前二五六〜前一九五）

前漢《ぜんかん》の初代皇帝《こうてい》。反秦連合に参加した後、秦《しん》の都《みやこ》・咸陽《かんよう》を陥落《かんらく》させ、一時は関中《かんちゅう》を支配下に入れたが、項羽《こうう》によって西方の漢中へ左遷《させん》され漢王となる。その後、楚漢《そかん》戦争では項羽の圧倒《あっとう》的な戦力の前に何度も敗北するものの、大将軍・韓信《かんしん》らの活躍《かつやく》もあって、最終的には劉邦が垓下《がいか》にて項羽を討《う》ち、前漢を興《おこ》した。

質問者　※質問順

里村英一《さとむらえいいち》（幸福の科学専務理事〔広報・マーケティング企画《きかく》担当〕）

森國英和《もりくにひでかず》（ＨＳ政経塾生《せいけいじゅくせい》）

釈量子《しゃくりょうこ》（幸福実現党党首）

［役職は収録時点のもの］

1　漢帝国《かんていこく》を興《おこ》した劉邦《りゅうほう》を招霊《しょうれい》する

古代から戦略・戦術・兵法を練っていた中国

大川隆法　今日も、やや欲張りな企画《きかく》です。

中国の歴史物は、日本では、「項羽《こうう》と劉邦《りゅうほう》」や「三国志《さんごくし》」あたりが有名ですし、最近、中国でも戦争ものの映画やドラマをよくつくっています。それは、おそらく軍事的な士気高揚《しきこうよう》も兼《か》ねているのでしょうが、「項羽と劉邦 King's War《キングズウォー》」という歴史ドラマがテレビで全八十話、放送され、私も観《み》てしまいました。

やはり、中国の映画は、軍事ものになると面白《おもしろ》いと思います。中国人民解放軍が出てきて戦うので、本物らしいというか、いかにも実戦訓練のようであり、日本映画のチャンバラよりも、ずっと迫力《はくりょく》があります。万の単位の集団を使って戦わせると、その迫力はなんとも言えません。

日本の映画の場合、自衛隊が出てくるのはゴジラ映画などですが、いつもゴジラに負けてばかりいます。たまには、角川《かどかわ》映画の「戦国自衛隊」のように、「自衛隊が戦車とともに戦国時代にタイムスリップして、戦国武将と戦ったらどうなるか」というような内容のものもありますが、大規模に万の単位で戦うようなものを実演してくれたりはしないので、そういう意味で中国映画の迫力にはすごいものがあるのではないでしょうか。そうした軍事ものやカンフーものについて、香港《ホンコン》映画や中国映画には相当なものがあると思いますし、実益《じつえき》も兼ねているのかもしれません。

ドラマ「楚漢伝奇　King's War」
(中国国際電視総公司 2012年～2013年)

ちなみに、先般《せんぱん》、台湾《たいわん》の総統だった李登輝《りとうき》さんにクロムウェルとしての過去世《かこぜ》があると分かったのですが（『日本よ、国家たれ！　元台湾総統　李登輝守護霊《しゅごれい》　魂《たましい》のメッセージ』〔幸福の科学出版刊〕参照）、偶然《ぐうぜん》、私の秘書が、クロムウェルのDVDを探してきており、タイミングがバッチリ合ってしまいました。

そのDVDで、一六〇〇年代の英国、イングランドの戦い方として、クロムウェルの軍隊と国王の軍隊が戦っているところを観たのですが、それを観るかぎり、その五十年ぐらい前の織田信長《おだのぶなが》のほうが強いのではないかという感じがします。もしかしたら、項羽と劉邦の時代のほうが強いかもしれないと感じたぐらいで、現代の中国人民解放軍が出演しているせいもあるとは思うものの、イギリスの軍隊が、やや弱く見えました。

『日本よ、国家たれ！　元台湾総統
李登輝守護霊 魂のメッセージ』
（幸福の科学出版）

やはり、太鼓《たいこ》を叩《たた》きながら進んだりしていますから、そのへんが幼稚《ようち》に見えるのでしょうか。撃《う》たれるのが分かっているにもかかわらず、太鼓を叩きながら前に進んでいき、実際にバンバンと撃たれて死んでいくわけです。そういう意味で、兵法的には、ザッとしているように見えるのかもしれません。

一方、中国などは、かなり戦略や戦術、兵法を練《ね》っているので、そういうところに智恵《ちえ》はあるように思います。

劉邦の強みを、ヒントとして大いに学びたい

大川隆法　今日は、そういう歴史ファンの期待の一部を担《にな》えたらよいと思いますが、同時に、幸福の科学としても、「天下統一の秘術」を学んでみたいと考えています。大げさな言い方ではありますが、「百戦百敗の劉邦」が、「百戦百勝の項羽」に、最後の一戦で勝って天下統一をしたわけですから、もしかしたら、幸福

実現党にとって、何か希望の光になるような話でも出てくるかもしれません。そのように、何かヒントが、ひょこっと出てきたりしないかなという感じは持っています。

また、政治と軍事の関係のほか、ライバル間の競合や駆《か》け引きの問題もあるでしょう。

なお、転生《てんしょう》の秘密等については、いろいろと出てくるかこないか分かりませんが、訊《き》き方によっては出てくるかもしれません。

ちなみに、質問者のお三方《さんかた》は、過去世において、歴史ファンであれば誰《だれ》しも丸《まる》裸《はだか》にして調べてみたいぐらいの〝英雄《えいゆう》〟疑惑《ぎわく》のある方々ですが、歴史通の人たちは、「そう簡単には認定しないぞ。俺《おれ》の質問を、百問、答えてみな」というぐらいの感じは持っているだろうと思います。

そういう意味では、私も、幸福の科学にはやや「英雄」が多すぎる気がしてはいるのです。それだけ「英雄」がいた場合、世界帝国《ていこく》でもできないと置き場がなく、小さな籠《かご》に入れると喧嘩《けんか》をしてしまうでしょう。殺し合いでもするのではないかと少し心配してはいます（笑）。

ただ、今のところ、天下を分け合うほどの領地もないまま、平和に小さくまとまって活動していますので、まだ草創期であるということなのかもしれません。

まあ、どんな偉《えら》い人であっても、草創期は偉くはないのです。劉邦も韓信《かんしん》も、みなスタート点は低いですから、何らかのヒントを得られたらよいと思います。「戦略」のようなものや、あるいは、「人物眼」というか、「人の登用の方法」、それから、政治的な意味で「国を強くしていくやり方」等が聞けるかもしれません。もしかしたら、「人材の抜擢法《ばってきほう》」あたりが〝強み〟かもしれないので、ぜひ知ってみたいという感じがします。

おそらく、実際には、劉邦もそこそこの人物だったのではないでしょうか。描かれ方として、飲んだくれのヤクザの親分のようなところから出てくる感じになっていますが、そうは言っても、そこそこの人だったのではないかという感じがしないでもありません。

なお、劉邦の過去世《かこぜ》について、（過去の霊査《れいさ》で）「家康《いえやす》説」が出てはいますし、日本からすれば、そう言いたいのかもしれませんが、中国からすれば、「漢《かん》の高《こう》祖《そ》・劉邦が、そんな日本の家康程度に生まれ変わってたまるか」と絶対に言うでありましょう。

もちろん、両者には似ているところもないわけではありません。最初は勝てないながらも、じわじわと長く持っていって、次第《しだい》しだいに、天下を取っていくという、あの遅咲《おそざ》きの感じは似ているし、意外に用心深いところがあったりする面も似ています。やはり、強い者との戦いを避《さ》けながら、最後に勝っていくところなどは、少し似ている部分もあるとは思うのですが、劉邦に比べれば、家康のほうが、やや細心というか、小心な面もあるような気もしますので、このへんについてはよく分かりません。

漢《かん》の高祖《こうそ》・劉邦を招霊《しょうれい》する

大川隆法　それでは、やってみましょうか。何かが、ずれてくるかどうか。あるいはピッタリ合ってくるかどうか。訊いてみなければ分からないところです。

また、今回の霊言《れいげん》収録を通じまして、私自身が、中国に対して偏見《へんけん》や差別の眼を持っているわけではなく、中国の歴史のなかにも、学ぶべきものもあれば、誇《ほこ》るべき人もいたことを認めているという証明にもなるでしょう。

現在の中国の政治がどうであるかは、別の観点からの問題ではあると思いますが、それによって中国人そのものを判断しているわけではありません。また、中国の偉人《いじん》が日本に生まれ変わったり、交互《こうご》に行き来したりもしているという見解も取っています。

そういう意味では、民族差別的なものを持っていないということの一つの例にもなるでしょう。それを述べておきたいと思います。

それでは、前置きが長くなりますので、このへんで始めます。

「天下統一の秘術」と題して、漢《かん》の高祖《こうそ》・劉邦の実像に迫《せま》ってみたいと思います。

すでに、項羽の霊言は録《と》っています（『項羽と劉邦の霊言　項羽編――勇気とは何か』〔幸福の科学出版刊〕参照）。ライバル項羽の霊言を録っていますので、どうか、漢の高祖・劉邦に、幸福の科学総合本部に降臨いただきまして、私たちのいろいろな質問に、あるいは、愚問《ぐもん》にお

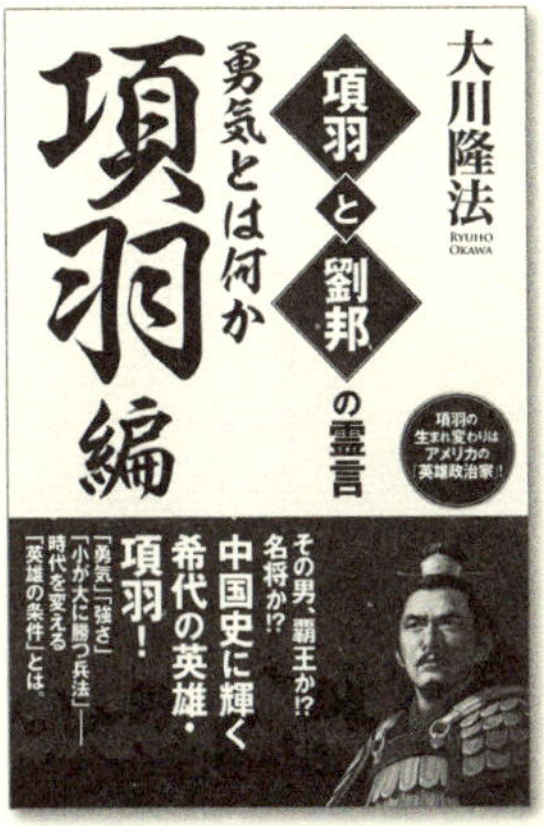

『項羽と劉邦の霊言　項羽編
――勇気とは何か』
（幸福の科学出版）

答えください。

政治的な成功や軍事的な成功、その他、現代的な成功のあり方、あるいは、ライバルとの競合戦略や、生き残り方等についてヒントをくだされば幸いでございます。

漢の高祖・劉邦の霊、流れ入《い》る。

漢の高祖・劉邦の霊、流れ入る、流れ入る、流れ入る。

漢の高祖・劉邦の霊、流れ入る、流れ入る、流れ入る、流れ入る、流れ入る、流れ入る、流れ入る。

（約十五秒間の沈黙《ちんもく》）

2 劉邦が今明かす「項羽《こうう》の怖《こわ》さ」

いきなり「酒と肴《さかな》」を所望《しょもう》する劉邦

劉邦　ううーん……。

里村　おはようございます。漢《かん》の高祖《こうそ》・劉邦様でいらっしゃいますでしょうか。

劉邦　うーん。ということかねえ。

里村　今日は、このように降臨いただきまして、本当にありがとうございます。

劉邦　（くだけた調子で）酒も出んのかあ。ケチだなあ。

里村　（笑）いえいえ。

劉邦　宗教は嫌《きら》いなんだよ、酒が出ないからさあ。

里村　用意したいと思いますけれども……。

劉邦　酒ぐらい出せよ。酒とつまみぐらい。

里村　（机に用意された水差しを指して）代わりに、おいしい水がございますの

劉邦は若い頃から家業を厭い、いわゆる侠客として、酒色を好んだ生活をしていた。ただし、なぜか人望があって、仕事で失敗しても周囲が擁護し、飲み屋に入れば自然と人が集まって店が満席になったと伝えられる。（江蘇省沛県）

で……。

劉邦　面白《おもしろ》くねえじゃん、なあ？（釈《しゃく》を指して）ああ、美女が一人いるな。美女が一人、侍《はべ》っとるが、酒も肴《さかな》もねえか。ケチやなあ。水だけやないか。

里村　（苦笑）お話をお伺《うかが》いしましてから……。

劉邦　ああ、そうか。

里村　はい。今、飲まれますと、高祖・劉邦様からお話が聞けませんので。

劉邦　ああ、なるほど。まあ、そういうこともあるなあ。

劉邦から見た項羽《こうう》像とは

里村　私は、本当に高祖・劉邦様のファンでございまして……。

劉邦　なかなか（霊言《れいげん》が）出てこないところに、値打ちがあるんだなあ。

里村　いえいえ、もう本当に、今まで、この機会を首を長くしてお待ち申し上げていました。

今日は、項羽《こうう》様とのお話、あるいは、天下取りや人材養成の秘訣《ひけつ》、さらには、現在の政治の話まで含《ふく》めまして、いろいろとお伺いしたいと思います。よろしくお願いいたします。

劉邦　うーん。君らは、朝からやるんか、軍議を。

里村　はい。霊界《れいかい》には、朝も昼も夜もないとは思うのですけれども。

劉邦　まあ、そういう考えもあるわなあ。

里村　はい。ひとつ、時間を超越《ちょうえつ》したところで、お話をお伺いしたいのです。

まず、昨年（二〇一三年）の十一月に、項羽様にこちらへお越《こ》しいただきまして、劉邦様とのいろいろなお話をお伺いしました（前掲《ぜんけい》『項羽と劉邦の霊言　項羽編――勇気とは何か』参照）。

そのときに、私が意外だったのは、項羽様が、劉邦様について、ある意味で非常に潔《いさぎよ》く、自分より優《すぐ》れていた点として、政治性などの部分を認めていらっしゃり、恨《うら》み言《ごと》が全然出てこなかった……。

劉邦　ほう！　政治家だねえ、なかなか。ええ？　そういうことを言うとは……。

里村　いえいえ。確かに、「向こう（霊界）に還《かえ》られてから、少し勉強した」とはおっしゃっていましたけれども。

劉邦　ほう。意外に政治家じゃないか。絶対、ほめない人なんだがなあ、悪口は言っても。

里村　ところが、劉邦様を非常に認めていらっしゃいました。

実際のところ、楚漢《そかん》戦争のころを含めて、項羽様をどのようにご覧になっていますでしょうか。

劉邦　いやあ、怖《こわ》かったよ、はっきり言って。怖い怖い。あれは、軍神《ぐんしん》として認めるよ、私はね。

里村　はい。

劉邦　私は軍神ではないと思うよ。まあ、あまり勝たないからねえ。よく負けるから。こんな軍神はあってたまるか。

あっちは軍神だ。間違《まちが》いなく軍神だわなあ。だから、項羽が出てくると、怖くて怖くて、みんな、もうビビッてたよ、はっきり言って。まあ、十倍以上は軍隊

―― 楚漢戦争時代の概略図 ――

がないと、勝てそうにない感じがあったなあ。
強いの強いの、なんたってねえ、〝スーパーマン〟よ、昔の。
里村　ですが、歴史に遺《のこ》っている場面を見ますと、劉邦様は、実に堂々と、項羽将軍と会われていますよね。
劉邦　いやいや。そんなことはない。堂々と逃《に》げ回っとるじゃないか、あんた。
里村　いえ、それでも、鴻門《こうもん》の会《かい》のときもそうですし、あるいは……。
劉邦　いや。もし、まともに、わしがやなあ、天下取りの覇者《はしゃ》としてだねえ、互《ご》角《かく》の戦いができるんだったら、鴻門の会みたいな、あんなみっともないことは

鴻門の会
紀元前206年、楚の項羽と漢の劉邦が、秦の都・咸陽郊外で会見した故事。楚漢の攻防の端緒となった。このとき、劉邦は鴻門に項羽を訪ね、先に関中王となったことを謝罪するも、酒を飲みすぎたと中座し、そのまま自軍に逃げ帰った。

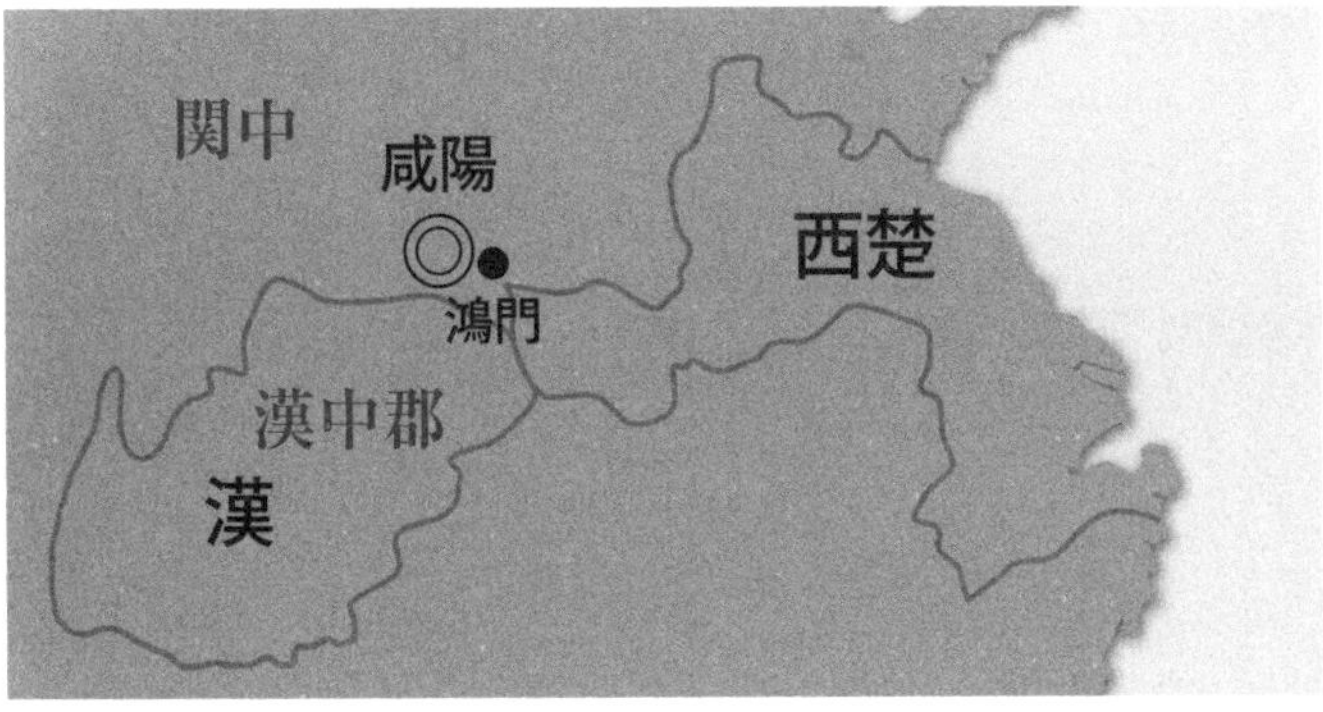

やってないよ。
あんなもの、「わしが、先に関中王《かんちゅうおう》になったんだから、もう、わしのもんじゃ。取れるもんなら取ってみい」って言うて、戦ったって構わへんけど、頭を下げて逃げ回ったのを見たら、そらあ、怖さが分かるじゃないの？ あれを見て。ねえ。

勝つための戦略として、「捨てるべきものは捨てる」

里村　しかし、彭城《ほうじょう》の戦いで、お父様と奥様《おくさま》を人質《ひとじち》に取られたりしたわけですが、そのあと、歴史上有名な広武山《こうぶさん》の戦いでは、堂々と出てこられて、項羽将軍と、罵《のの》り合戦というか、そのようなことをしてらっしゃって……。

劉邦　まあ、向こうも策に窮《きゅう》したのは分かっておったけどなあ。ちょっと、あのときは、膠着《こうちゃく》状態で冬を迎《むか》えて、両方とも食糧《しょくりょう》が尽《つ》きてくる感じだったけど、項

◆彭城《ほうじょう》の戦い

①項羽が斉に遠征している間に、劉邦連合軍56万が彭城を占領。項羽は精鋭3万を連れて引き返した。
②項羽軍は、彭城で連日大宴会をしていた漢軍を10万人以上撃破。
③南へ敗走する漢軍を追撃。睢水《すいすい》での死者10万人以上。
④西北方から突風が吹いて項羽軍が混乱した隙に、劉邦は数十騎で逃走した。

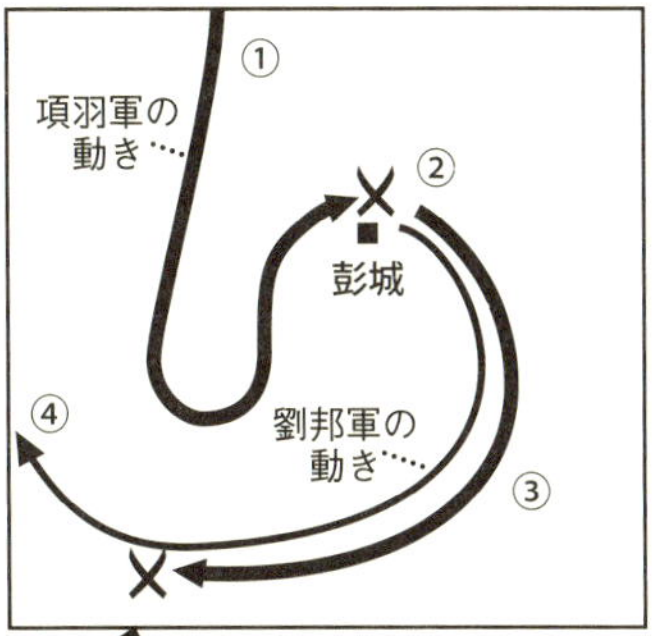

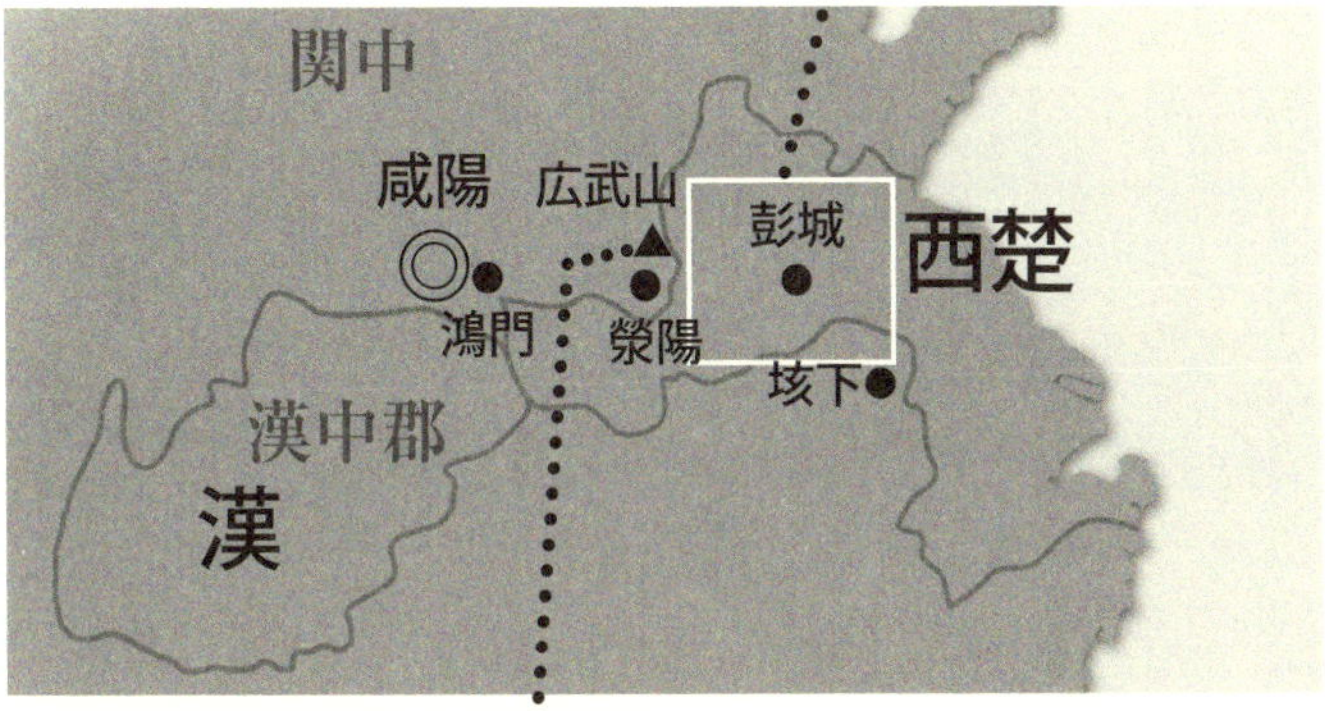

◆広武山《こうぶさん》の戦い

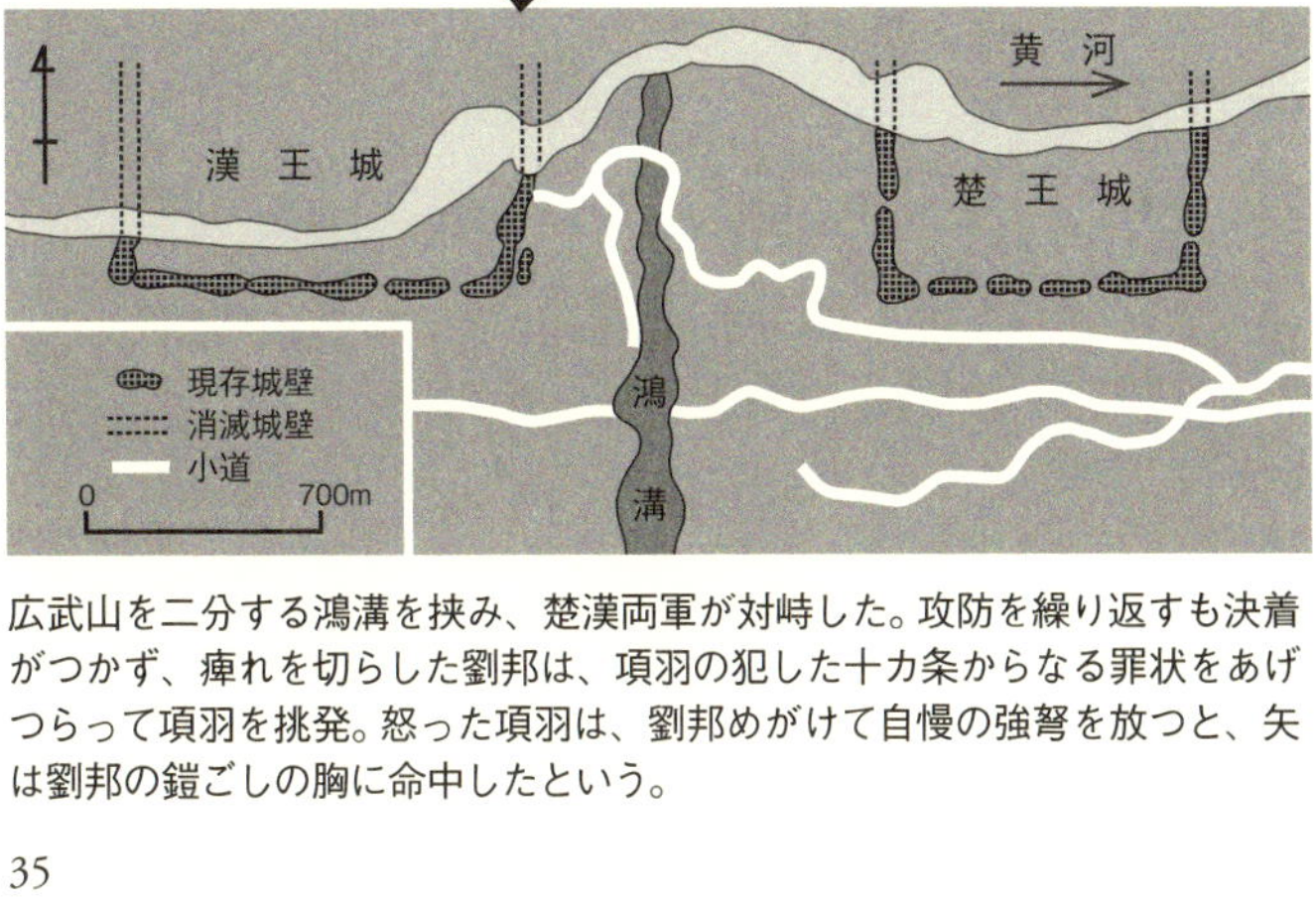

広武山を二分する鴻溝を挟み、楚漢両軍が対峙した。攻防を繰り返すも決着がつかず、痺れを切らした劉邦は、項羽の犯した十カ条からなる罪状をあげつらって項羽を挑発。怒った項羽は、劉邦めがけて自慢の強弩を放つと、矢は劉邦の鎧ごしの胸に命中したという。

羽のほうが先に尽きそうな感じだったからね。焦《あせ》ってるんだろうなあと思って、「わしの親父《おやじ》ぐらい、殺して食ったって構わないぜ」みたいな感じでやったんだけどねえ。

まあ、だいたい歴史的に見て、女房《にょうぼう》・子供や親を捨てる人が天下を取るんだよなあ。守る人はだいたい負けるんだよ。

だから、項羽の弱点はねえ、虞美人《ぐびじん》に惚《ほ》れ込《こ》んでな、〝できちゃった婚《こん》〟ではないけど、〝できちゃった〟のが弱点だよなあ。

でも、美女は連れて逃げられないんだよ。

〝スーパーマン〟だって（そこが）弱点だろう？　だいたい、こんな美女がで

虞美人
項羽の寵愛を受けた女性で、妻とされる人物。項羽は垓下の戦いにて劉邦軍に包囲され、虞美人をかたわらに決別の酒宴をひらいたという。

きたらなあ、もう、それにとらわれてしまうからねえ。

このへん、やっぱり、奥さんを捨てられる人間……、まあ、劉備玄徳《りゅうびげんとく》も奥さんを捨てるのがうまかったけど。

里村　いえいえ（苦笑）。

劉邦　わしもうまかったから。まあ、いくらでも代わりはおるからなあ。そのへんが不人情だけども、勝つための戦略としては、「捨てるべきものは捨てる」。

これは、ちょっと言ってはいけないか。まずかったかなあ。最初からまずいなあ、酔《よ》っ払《ぱら》いの言《げん》みたいだから（笑）。

まあ、そういうものは捨てる。「義理人情《ぎりにんじょう》は欠く。捨てるものは捨てる」。だけど、「余裕《よゆう》があるときは出す」と。これはあるなあ。

「逃げっぷり」のよさも勝つためには大事

劉邦　あとは、そうだねえ。鴻門の会だって、あれは、生きて帰れる可能性は極《きわ》めて低いんだけども、それでも、「まだ、そのほうが勝ち目がある」と見ていたっていうことだからね。項羽の、「下手《したて》に出る者には弱い」っていうかさあ、そういう気質は分かってたからさあ。尊大な者に対しては徹底《てってい》的に戦って、強きをくじくけど、弱きに対しては叩《たた》けない気質を知ってたからね。

だから、あのときは、賭《か》けではあったが、実際に戦ったら負けただろうと思うんでね。そのへんで、〝賭け率〟がちょっと高いほうに賭けたんで。

まあ、君らは私の転生《てんしょう》を探《さぐ》ってるのかもしれないけど、意外に、カジノあたりで経営王をやっているかもしれないぜ（笑）。エヘッ、（右ひざを叩《たた》く）ハッハッハッハッハッハ。

里村　とんでもないです。でも、確かに、見事な逃げっぷりというか……。

劉邦　ああ、逃げっぷりはねえ。

里村　逃げるときに邪魔《じゃま》になったら、子供も、もう、馬車から……。

劉邦　いやあ、天下取りをする人だったら、ちょっとできん「逃げ方」をするねえ。自分でも恥《は》ずかしいとは思うよ。
例えば、招かれていて、剣舞《けんぶ》をやってる間《あいだ》に、「小便《しょうべん》したい」とか言って逃げ出して、そのまま一人だけ、張良《ちょうりょう》を残して逃げるなんていうのは、実に情けないとは思いつつも、命あっての物種《ものだね》だからさあ。

だから、先の日本軍なんかは、潔《いさぎよ》すぎて駄目《だめ》だね、あれは。死にすぎだよ。
もっと逃げて逃げてしなきゃ、いかんのだよ、あれは。
そのへん、もうちょっと勉強が足りてないなあ。

『真の参謀の条件』（幸福実現党）。2013年1月20日、劉邦の参謀だった張良の霊言を収録。

3　なぜ、劉邦は項羽《こうう》に勝てたのか

項羽戦での「勝因」を自己分析《ぶんせき》する劉邦

里村　項羽将軍の抜群《ばつぐん》の強さを認めていらっしゃる劉邦様が、なぜ項羽様に勝てたのでしょうか。そのあたりを、ご自分ではどのように分析《ぶんせき》されますか。

劉邦　やっぱり、一対一じゃ絶対勝てないよ。分かってる。それは分かってるんだけど、わしは、へこんどる分だけ、周りに助ける人が出てくれたからねえ。わしに欠けてるものが、よく見えてたから。

まあ、そういう意味で、頭のいい人には頭が上がらんしさあ。それから、兵糧《ひょうろう》とか、そういうものを手配したり、あるいは、法律をつくったり、人をまとめたりするのがうまい人には蕭何《しょうか》とかがいるし、作戦では、張良《ちょうりょう》みたいなのが頭はよかったし、戦《いくさ》をやらしたら、俺《おれ》なんかより百倍ぐらい韓信《かんしん》のほうが強いのは分かっておったしねえ。

だけど、まあ、韓信だって、戦だけで項羽に勝つのはちょっとしんどかっただろうから、やっぱり、ほかの力も加わってのことだろうね。

その意味で、そうした明らかな弱点

『周恩来の予言』（幸福の科学出版）。2012年12月2日、周恩来の霊言を収録。その後、韓信からの霊示により、周恩来の過去世の一つが、前漢の宰相・蕭何であることが明かされた。

『百戦百勝の法則』（幸福実現党）。2012年12月23日、劉邦の大将軍として無敵の強さを発揮した韓信の霊言を収録した。

があったがゆえに、人が使えた面もあったたっていうことかなあ。

だから、弱点がない人間って、現代でもそうだろう？　「人に弱みを見せたくない」っていうか、オールマイティーっていうのか、何でもできるみたいに見せたがる人は多いと思うし、エリートはだいたいそうだと思うんだけど、「明らかに弱点を見せて、有能な人材を抱《だ》き込《こ》む」っていうのもあるじゃないか。

日本の企業家《きぎょうか》だと、松下幸之助《まつしたこうのすけ》なんかもなあ、そういう、「自分は勉強ができておらんし、学校を出ておらんので、みんなが偉《えら》く見える」と、うまいことを言って、人を使って大きくしたんでしょう？

そういうように、明らかな弱点を見せたり、今だったら、まあ、中国にも来とるが、稲盛和夫《いなもりかずお》なんかもそうだよな？　自分は、あまり就職先もなくて、エリートでもなくてみたいなことを上手に梃子《てこ》にしながら、人望《じんぼう》で上がっていった。あれには、やや、〝劉邦的な上がり方〟をしているところはあるわなあ、あの上がっていき方にはねえ。

そういうところもあるので、「何の面においても人に劣《おと》らない」っていうのがいいんじゃないんだ。まあ、何かの点でちょっとはよくないといかんのだろうと思うが、最後は、強いものが何もなければ、コーディネーターっていうか、あるいは、〝偉大《いだい》な袋《ふくろ》〟かなあ。そんな感じで、みんなを受け入れる器《うつわ》があって、自由に働かせてやるような場を持てれば、お互《たが》いに喧嘩《けんか》し合うような人でも使えるところもあるかな。

このへんが、まあ、経験で学んだところかなあ。

君なんかだって、そういう素質があるかもしらんなあ。

里村　いえいえ。とんでもないです。

劉邦　ええ？　君なんか、もう、周りの人がみんな偉く見えて、使って働かしているうちに、天下が取れてしまったっていう感じだと思うんだがなあ？

里村　いえいえ（笑）。とても、そのようなまねはできませんけれども。

劉邦　うーん、そうかあ？　そうかなあ。

劉邦は、なぜ「人を惹《ひ》きつける」ことができたのか

里村　日本の作家の司馬遼太郎《しばりょうたろう》先生が、作品（『項羽と劉邦』）のなかで、劉邦様を、まさに、〝空《から》っぽの器《うつわ》〟というように……。

劉邦　〝空っぽ〟って、まあ、はっきり言われると、ちょっと腹が立つなあ。〝空

っぽ〟はないなあ。

里村　いや。もう、「何でも入るのだ」と評されています。

劉邦　うーん。

里村　ただ、私は以前から疑問だったのですが、今おっしゃったような、「弱点」や「欠点」などというものは、通常、人を惹《ひ》きつけないものです。

劉邦　あ、そうなのよ。

『司馬遼太郎なら、この国の未来をどう見るか』（幸福の科学出版）。2012年1月24日、司馬遼太郎の霊言を収録した。

里村　むしろ、人は遠ざかると思います。ところが、なぜか、劉邦様のところには、人が集まってくるのです。

しかも、今、お話に出た松下幸之助さんや稲盛和夫さんには、ある意味で謙虚《けんきょ》さもあるし、仕事における真面目《まじめ》さもあります。

しかし、劉邦様は、こう申しては失礼ですが、真面目でないと思うのです。

劉邦　真面目でない？　そこまではっきり言うか？

里村　それから、謙虚さのかけらもなく、傲岸不遜《ごうがんふそん》でいらっしゃいます。

私自身は、そういうところが大好きなのですけれども、なぜ、それで人が集まってくるのでしょうか。

劉邦　いや、そりゃあ、ちょっと、やっぱりねえ、やや物語がオーバーになってる面もあるからなあ。まあ、そのほうが面白《おもしろ》いから、そうされてるところもあると思うけど、そうは言ったって、小役人《こやくにん》ぐらいはできたんだからさあ。今で言えば、おそらくだねえ、役人のレベルで言えば、港区《みなとく》の区長はできたぐらいの能力はあったと思うんだがなあ。どうだろうか。

里村　ええ。沛《はい》の警察署長でいらっしゃったことがありますけれども（笑）。

劉邦　うん、そうそう。そのくらいはできたんじゃないかなあ。東京都知事は無理だったかもしらんが……。

里村　ええ。ですから、まあ、実務能力も、もうひとつかもしれないのですけれども、そういう方のところに、なぜ、あのように、張良・蕭何・韓信・樊噲《はんかい》といった人が……。

劉邦　うーん、もう、天の配剤《はいざい》は配剤だろうけどなあ。

ただ、ムードメーカーではあったんだわな。だから、なんとなく、親分肌《はだ》というか兄貴肌で、みんながついてくるようなところはあったのと、まあ、負けるときも、負けっぷりがよかったわなあ、ある意味で。アッハッハハハ……。

項羽なんかだったら、一回の負けでも、もう、プライドがもたないぐらいで、自分で首を刎《は》ねてしまうんだけど、俺なんかだったら、絶対、刎ねないわな。

もし、俺が項羽だったらさあ、一人で川を泳いででも逃《に》げていくわなあ。ふるさとに逃げていって、もう一回、穴蔵《あなぐら》に籠《こ》もって、再起を図《はか》るわなあ。五年ぐらい潜《もぐ》るよ。

だから、「一回でも負けたら、悔《くや》しくて死んじゃう」なんていうのは、ちょっと、わしは考えられんなあ。

虞美人《ぐびじん》も、「ほかの人の手にかかっては敵《かな》わんから、先に死んでもらう」だなんて、あんなに潔《いさぎよ》すぎるのは、ちょっと、私は駄目《だめ》だなあ。

「女は、十分、遊んだから、もういいよ」っていう感じで、「また、次に新しいのを一つ、江東《こうとう》の地（項羽が挙兵した地）で選べばいい」と考えるのが、俺なんだよな。

これを、「賢《かしこ》い」と見るか見ないかは、別だよなあ。

里村　うーん。

劉邦　まあ、「義の人」ではなかったね、少なくともね。

でも、「知の人」かもしれない。「知識がある」っていう意味の「知」じゃないんだけど、「ずる賢い」っていう意味での、アラブでも通用するような「〝知〟の人」かもしらんなあ。

4　天下統一の秘術を語る①――「老獪《ろうかい》さ」

張良《ちょうりょう》が語った「劉邦への評価」に対する解釈《かいしゃく》

里村　張良《ちょうりょう》様が霊言《れいげん》で……。

劉邦　ああ、張良！　あ、霊言してるの？　裏を取るなよ、あまり、なあ。

里村　いえいえ。ただ、そのときに、劉邦様が勝たれた秘訣《ひけつ》を伺《うかが》ったのです（前《ぜん》掲《けい》『真の参謀《さんぼう》の条件』参照）。

劉邦　うーん。

里村　その秘訣を、項羽《こうう》様は「政治性」とおっしゃっていましたが、張良様は、別の言葉でおっしゃっていて、劉邦様の「老獪《ろうかい》さ」というものが……。

劉邦　老獪さ?　「老獪さ」っていうのはねえ、中国にとってはすごく大事なことなんだよ。「老獪である」っていうことは、すごいことなんだよ。まあ、「徳の変形」なんだよ、一種のね。

里村　「徳の変形」ですか。

劉邦　ええ、「老獪さ」っていうのは、〝徳の裏側〟なんだよ。老獪さを見せなければ、徳のある人に見える。老獪なところが見えてしまうと、ちょっと「徳がある」とは言いにくいんだけど、実際は、「聖人君子《せいじんくんし》」と言われる人は、みんな、老獪な人ばっかりなんだよ、本当はな。

だから、世渡《よわた》りがうまいんだ。本当は世渡りがうまいんだけども、迫害《はくがい》を受けたり、苦しんだりして、逆境のなかで道を説いたように見せるところが老獪で、それで名が遺《のこ》ってるんだなあ。

その意味で、俺だって、もしかしたら……、まあ、転生《てんしょう》なんて、おまえら、あとで訊《き》いてやろうと思ってんだろうけど、意外に、「孔子《こうし》の生まれ変わり」とか、そんなのかもしれない可能性はあるよね？

里村　いや、それは違《ちが》うと思います（会場笑）。

劉邦　ええ？　いや、「老獪」という意味では、そらあ……。

里村　いや、何しろ、劉邦様は、「儒者《じゅしゃ》の冠《かんむり》に立ち小便をした」という方ですから、それは（笑）（会場笑）……。

劉邦　ええ？　いやあ、そんなことないよ。そのくらいのことは平気でやりますよ。

だからねえ、分からんよ。「老獪さ」っていうのは、徳と変わらないかもしれないよ、ある意味では。

「負け続けながらも粘《ねば》る」秘訣《ひけつ》とは

里村　そうした「老獪さ」や、先ほど、お言葉にあった「ムードメーカー」といった資質を持ち続けて、負けている軍隊をずっと引っ張り続けられた秘訣《ひけつ》を、もう少しお話しいただけますでしょうか。

劉邦　だから、この教団なんか見てると、まだ、ちょっと、プライドとか純粋《じゅんすい》さが強すぎるので、こんなのでは、もたねえんじゃないか？　大丈夫《だいじょうぶ》か？　心配で……。

里村　まあ、宗教団体ですから、やはり、純粋さは……。

劉邦　宗教団体だって、よそは、〝騙《だま》す〟のが得意な宗教ばかりじゃない？

里村　（苦笑）いえ、騙しはしませんし……。

劉邦　こんなところであなたねえ、「純粋さ」とか、「知的な正直さ」とか、こんなのやってたら、そのうち、引っ掛《か》けられて、やられちゃうんじゃないか？　危なくてしょうがねえわあ。

わしみたいな老獪な人間を、もうちょっと使わないと。だから、ちょっとくさみのある人間を入れないと駄目《だめ》なんじゃないかねえ、要所要所に。

里村　例えば、「老獪さ」というのは、どういうときに発揮しておられますでしょうか。

劉邦　そらあ、万引きするときとかさあ……。

里村　え？（会場笑）

劉邦　夜這《よば》いするときとかさあ、そんなときだろう？　酒を盗《ぬす》んでくるときとか。ええ？

里村　（苦笑）いやいや、項羽様との楚漢《そかん》戦争とか、もう少し大きな話のほうで……。

劉邦　え？　ああ、そうかそうか。

まあ、みんな「直観力」が要《い》るよね、直観力。「この場で戦ったら勝つか負けるか」っていう直観力は、やっぱりあると思うな。

だから、「負けると見たときには、もう潔《いさぎよ》く逃《に》げる」っていうのは、わしだけでなくて、歴史上、みんな、兵法的にはあるんじゃないか。潔く負ける。要するに、負けることで、向こうの勝ちを小さくするんだよな。まあ、追撃《ついげき》戦はされるから、それで全滅《ぜんめつ》したら駄目だけど、うまく負ける。だから、負け時を早く知ることによって、自分たちの被害《ひがい》を小さくできるし、敵は、追撃戦をしたりして、疲労《ひろう》度を増して、食糧《しょくりょう》も消耗《しょうもう》していくので、敵を弱める効果はあるわな。

先の大戦の「中国 対 日本」でも、日本は中国の内陸部へ入りすぎた。中国は、奥《おく》へ奥へと逃げていったあたりで、引きずり込《こ》んでき始めたねえ。あれは、ナポレオン戦に使った、プロシアの戦略と同じだし、それから、ロシアなんかのそれとも一緒《いっしょ》だけどもな。奥へ奥へ引っ張っていくことで、兵線が伸《の》びていくと、弱ってくるわなあ。

劉備玄徳《りゅうびげんとく》の最期《さいご》の負け方も同じだったと思うけどね。

●**中国**　日本軍は、早々に首都・南京を陥落させるも、中国軍は首都機能を奥地へと移し、内陸部に逃げながら、追撃する日本軍を引きずり込んでいった。そのため、戦線が拡大し、やがて戦況は泥沼化していった。

そういう、兵線を伸ばすことで、相手を……。要するに、強いと思っていると、逃げないで追いかけていくでしょう？　それで、だんだん弱ってくるんだよな、これ（兵線）が伸びていくと。

だから、その意味で、「引き方」は大事なので、まあ、意外に、「引き技《わざ》」はうまかったのかもしれんな。プライドが低い分、「引き技」がうまかったなあ。

里村　逆の言葉でいうと、「相手に決定的な勝利を与《あた》えなかった」という……。

劉邦　そういうことなんだよ。だから、本当に気が強くて激突《げきとつ》したら、一発で終わっちゃうことは終わっちゃうよなあ。

だけど、何回も戦っているうちには、隙《すき》が出たり、チャンスが回ってくることがあるからさあ、巡《めぐ》り合わせでね。そのときを狙《ねら》って、それまでは命を生きなが

●**プロシア**　プロシアは、ナポレオンがいる所では強いフランス軍が、ナポレオンがいない所では弱いことを見抜いた。そこで、ナポレオンが出てきたら逃げ、ナポレオンがいない所を叩くことを繰り返し、戦力を削いでいってナポレオン軍を破った。

らえる。

先ほど、父親と妻を（人質《ひとじち》として）取られたあと、罵《のの》り合ったと言ったけど、毒矢を射《い》られてるからなあ、あのときは。当たって危なかったの、死にかかったから。

いやあ、よくまあ、本当に……、これは、もう天帝《てんてい》のお心だと思うんだなあ、生き残ったというのは。

項羽は、うまいよ。矢を一発撃《う》って、当てるもんねえ。もう本当になあ、たまんねえや。

里村　ただ、そのときに、「大したことない」と言って、うそぶけた劉邦様もすごいなと、私は思いますけれども（笑）。

●**ロシア**　ロシア戦役において、ナポレオンが率いるフランス軍は、退却するロシア軍を追って、モスクワを攻略するも、ロシア軍の焦土戦術に遭う。その後、退却を開始したフランス軍であったが、寒さとロシア軍・農民ゲリラの追撃により、最大で90万人を超えた兵力は2万人程度に激減。惨敗した。

劉邦　いや、それはねえ、もう……。だから、わしは、意外に、今、役者に生まれ変わってるかもしれんな。ハリウッドのトップスターとか。ええ？　役者ができた可能性があるなあ、意外にねえ。

里村　ええ（笑）。

劉邦　そんなのかもしれないよ、意外に。

●**劉備玄徳**　劉備は、義兄弟の関羽の復讐戦のため、夷陵《いりょう》の戦いにおいて、長蛇の陣を敷いて攻めていくも、敵側（呉）は、陣形が長く伸びてくるのをじっと待ち、伸び切ったところで中軍を狙って劉備軍を破った。

5　天下統一の秘術を語る②──「自由」

項羽《こうう》との戦いに「勝ち筋《すじ》」が見えた時

里村　（森國《もりくに》を指して）では、ここで、別の質問者から、「直観力も含《ふく》めまして、『いつから、項羽様《こうう》に勝てる』と思われたのか」という質問をさせていただきたいと思います。

劉邦　ほう！

森國　今日は、ありがとうございます。

劉邦　うーん。あ、怖《こわ》そうな目をしてる。君、いかん。君、目が怖いわあ。もうちょっと、優《やさ》しい目をして。

森國　いえいえ（苦笑）。項羽様と戦われるなかで、「どの段階から、勝ち筋《すじ》が見えていらっしゃったのか」ということを、ぜひ、お話しいただければと思います。

劉邦　いやあ、蕭何《しょうか》が「韓信《かんしん》を使え」と進言したよね。まあ、わしも、韓信をそんなに信じてたわけじゃないんだけどさあ。

いや、実績がないし、項羽のとこで、王様の警護、親衛隊だけど、警備兵みたいなので槍《やり》を持って立っとったぐらいで。「股《また》くぐりの韓信」って有名すぎてさあ、みんな、卑怯《ひきょう》者の代名詞みたいに使ってたからな。いくら何でも、それを大《だい》将軍《しょうぐん》に使ったんじゃあ、ちょっと恥《はじ》をかくんじゃないかと思ってね。

あちらは、もう勇猛果敢《ゆうもうかかん》な項羽なのに、こちらは「股くぐりの大将軍」っていったら、「いかにも劉邦だな」って笑われそうでさあ、恥《は》ずかしかったけどな。

ただ、蕭何が、「いや、この人以外にない」って言うんで使ってみたら、実際、勝ち始めたのでねえ。

ここをうまく使えば勝てるかもしらんけども、俺《おれ》が直接使うと、嫉妬《しっと》をして駄《だ》目《め》かもしらんなあと思ったんで、ちょっと、「張良《ちょうりょう》や蕭何等、ほかの人がうまくつないでくれれば、もしかしたら」っていう感じを受けたのは、そのあたり。韓信が勝ち始めたあたりからだね。

それまでは、ほとんど勝ってないからね、大してはな。

秦《しん》の統治から学んだ「教訓」

里村　そもそも、秦帝国打倒《しんていこくだとう》のために挙兵《きょへい》したときに、そこまでのお志《こころざし》というか……。

劉邦　いや、あるわけないじゃない。そんなもの。

里村　ない？（会場笑）

劉邦　食《く》っていくのが大変で……。

里村　ああ、そうですよね。

劉邦　うん、食っていくことが大事だったよ。

だから、担《かつ》ぎ上げられただけだわねえ、どっちかといえば。何か、とりあえず、「頭《かしら》が欲《ほ》しい」ということでね。「頭が欲しい」ということは、「いざというときには、捕《つか》まって首を斬《き》られる」っていうことだからさあ。

いや、君らは「法治《ほうち》国家は素晴《すば》らしい」って言うんだろうけど、秦は法治国家でしたよ。だから、非常に細かい法律がたくさんあって、違反《いはん》したら、すぐ責任を取らされる。

だから、「陳勝《ちんしょう》・呉広《ごこう》の乱」っていうのが起きて、秦が乱れ始めたんだけども。

あれも、例えば、〝囚人《しゅうじん》〟たちがねえ、「十日以内に、工事現場まで行って、石切場で（作業を）やらなきゃいかんっていうことになっているのに、途中《とちゅう》で雨が降ったり、いろいろして遅《おく》れたので、もう着かないのは分かっている。だから、行ったところで、どうせ殺される。どうせ殺されるんだったら、反乱でもやったろうか」ということで、やったあたりから始まってるでしょう？

これは、非常に参考にはなったわねえ。まあ、後《のち》の諸葛孔明《しょかつこうめい》なんかも、かなり、法律みたいなものに厳しかったとは思うんだけど、謹厳《きんげん》すぎて、そういう反乱ばかり起こされるようでは駄目なんだ。

「天下統一」というか、秦の統一には、そういうところの統一感が非常に大事だったんだろうけど、やっぱり、人間だからさ

陳勝・呉広の乱
秦末期に、その支配に対して陳勝と呉広が起こした農民反乱。翌年、鎮圧されるも、それに誘発されて劉邦や項羽が挙兵。やがて、秦は滅亡することとなる。

あ、多少、そのへんのさじ加減はないと、駄目なんじゃないかなあ。

そういう意味じゃあ、わしが象徴《しょうちょう》してたのは、たぶん、「自由」ではないかな。「『自由』と『規律』との戦いで、規律を破って自由が勝った」っていうことなんじゃないかなあ。

「法三章《ほうさんしょう》」に込《こ》められた意味

釈　お伺《うかが》いしたいのですけれども……。

劉邦　おう！

釈　秦を下《くだ》したあと、「法三章《ほうさんしょう》」というように、「人を殺せば死刑《しけい》。傷つけた者は処罰《しょばつ》。物を盗《ぬす》んだ者も処罰」の三条のみに法律を改められましたが、このあたりに、「政治・統治の天才性」というものが出ているのかなと思うのです。

劉邦　まあ、そう言ってくれる人もいるけど、それだけじゃあ、今では間に合わないだろうねえ（笑）。その三条だけでよければ、法学部なんか成立しないだろう？

だから、現代社会では、ちょっと〝あれ〟かとは思うけど、秦との対比っていうか、コントラストっていうか、それをはっきりさせる意味では、よかったのかなあとは思うのよ。

でも、人間は、だいたい三つ以上は覚えられんじゃない？　なあ？　俺だって、覚えられんからさあ。

その意味で、俺なんか、お釈迦《しゃか》様みたいな、あんなねえ、戒律《かいりつ》を何百条もつくる人は、あまり好きじゃねえんだよ（会場笑）。

里村　いえいえ（苦笑）。

劉邦　ああいう人は駄目だよ。もう覚えられんから。え？

里村　それは、「弟子《でし》がいろいろと悪いことをやって、数が最終的には増えた」ということですから。

劉邦　いやあ、そんな細かいことを言っては駄目なんだよ。だから、仏教は、そんなに大きくならなかったんだろうなあ。

里村　いえいえ（苦笑）。

劉邦　「戒律は三つぐらいにしなければいけない」と思うね。

里村　「五戒《ごかい》」でも、まだ多いわけですか。

劉邦　ああ、多い多い。三つぐらいで十分だと思う。

6　天下統一の秘術を語る③──「人材登用」

「自由」と「立法」についての考え方

里村　「『自由』と『規律』との戦い」ということでしたけれども……。

劉邦　うーん、そうそう。

里村　自由の象徴《しょうちょう》として、先ほどから何回か出ていますが、人が集まってくる。人望が……。

劉邦　あっ、それから、もう一つ。身分とか家柄《いえがら》とか、そういう出自《しゅつじ》は問わなかった。だから、「能力主義だった」っていうことは言えるわな。まあ、自由のことも言ったんだと思うけどな。

だから、アメリカの自由っていうか、アメリカンドリームが、世界で初めて始まった「自由」なわけじゃないっていうことは言っておきたいなあ。

そういう意味で、人材がどんどん出てこられる素地《そじ》があったっていうことだ。「生まれが貴族だったから登用」っていうのは、まあ、項羽《こうう》でも、まだちょっと、そういうところはあったよな。ちょっとあったと思うけども。

里村　ええ、そうですね。

釈　そのあたりを、ビジョンのように見ておられたのでしょうか。

劉邦　（前にのり出して釈に）美女のように？

釈　いえ、ビジョンです。こんな世の中を、自由があり、多くの人材が湧《わ》いてくるような、そんな世の中に……。

劉邦　まあ、とにかく、「俺《おれ》が法律にかけられて、死刑《しけい》にかかるようなものはつくらん」ということは大事だったな。

だから、昔、俺たちよりちょっと前の時代かなあ。「法家《ほうか》思想」っていうのがあって、ずいぶん法律を細かくやって、つくった人たちがいたよな。

まあ、●商鞅《しょうおう》とかもそうなんだが、国は強くしたんだけど、「自分がつくった法律で、自分がとっ捕《つか》まって殺される。車裂《くるまざ》きの刑になる」っていうようなことに

●商鞅〈前390～前338〉中国戦国時代の秦国の政治家。法家思想を基に秦の国政改革を進め、天下統一の礎を築くも、周囲の反感を買って刑死した。

なったからねえ。まあ、こういうのは、日本でも起きていると思うけども。だから、「これを自分に当てはめられたらどうなるか」っていうことを、よく考えておかないとな。自分が罪に問われるようなことは定めておかないのが最良だね。そこは気をつけたほうがいいよ。

張良《ちょうりょう》を惹《ひ》きつけた劉邦の「魅力《みりょく》」とは

里村　その一方で、老獪《ろうかい》さとつながるのですが、例えば、張良《ちょうりょう》様と初めてお会いになったときに、張良様の話を非常に真剣《しんけん》に聴《き》かれまして、その様子で、張良様は、「この人のために尽《つ》くそう」というように思われたというエピソードが遺《のこ》っていますけれども。

劉邦　あれ（張良）も、最初の旗揚《はたあ》げのときの同志っていうわけじゃあなくて、客人だったからねえ。もともと、「韓《かん》」っていう国のナンバーツーかな？　そんなとこだったので、王様がいる間は、その人に尽くさねばいかんけど。まあ、気が合ったのでねえ、客人的によく来てくれて、手伝ってくれたから、だんだんうちのほうに引き込《こ》んでいったんだけど、向こうの王様も亡《な》くなったしねえ。

だから、このへんの外人参謀《さんぼう》みたいな者も使ったっていうか、そのあたりを惹《ひ》きつけたのも、一つの力かなとは思うけどなあ。

やっぱり、「頭のいい人の言葉には耳を傾《かたむ》けた」っていうところはあるかなあ。

ただ、頭がよくても、主君への義理でガチガチに固まっている人は、もう使えないからね。

そういう意味で、主君への義理を感じていれば裏切りはしないんだけども、もう一つ違《ちが》う目っていうか、全体的に中国全土を見渡《みわた》して、「どういうふうな形勢になっていくか」っていうようなことを考えられるような頭を持っている人。要するに、能力がまだ余っているような人だな。

今でいうと、リクルートかスカウトか、ヘッドハンティングか知らんけど、そのような対象になるタイプの人だ。そういうタイプの人に対して、トリモチみたいにプチュッと、「いったん会ったらくっつけて離《はな》さない」みたいな、そういう能力はあったと思うんだよ。

だから、君らで言やあ、政治をやってても、「『これは』と思う人は、一回会ったらプチュッとくっつけて離さない」というような、そういう力が必要なんじゃないかなあ。

釈　そうした〝トリモチ〟のような力の秘訣《ひけつ》は、どこにあるのでしょうか。

劉邦　まあ、「素直《すなお》に感動すること」だと思うなあ。

相手の才能とか持っているものとか、だから、武力、あるいは技量で、剣でも槍《やり》でも弓でもいいしね。それから、もちろん、軍略なんかも難しいからね。兵法も、兵法書の勉強は難しくて、頭がよくないと使えないからな。

とにかく、何でもいいから、そういうものに対して、自分が分かるかどうかは別として、その人が持っているものを「素晴《すば》らしい」って評価できるかどうか。これは、また別の目じゃないですか。

今、冬季オリンピック（二〇一四年ソチ冬季オリンピック）をやってるようだけど、オリンピックで自分が滑《すべ》れるわけじゃなくても、それを評価できるっていう人は、やっぱりいるでしょう？　なんか、そういうふうな感じかなあ。

例えば、自分は達人じゃないけど、剣の達人を見分けられるとかさ、馬に乗れるわけじゃないけど、馬のよし悪《あ》しが見分けられるとか、そういう「千里の馬を見分ける能力」みたいなものは、やっぱり天賦《てんぷ》のものかなあ。

里村　天賦のものですか。

劉邦　うーん。ちょっと感じたな。

7　天下統一の秘術を語る④――「創業」と「守成《しゅせい》」

政治において「規律」はどうあるべきか

里村　人材の使い方について伺《うかが》います。項羽《こうう》将軍との対比で言うと、項羽将軍は、敵に対しても厳しかったですが、味方に対しても、失敗したりすると、けっこう厳しいところがありましたが……。

劉邦　だから、それは、先ほど言った規律ではないんだけども、まあ、軍律だよな？

やっぱり、韓信《かんしん》もそうだろうけど、軍人タイプの人、軍を強くしようとする人は、みんなだいたい、「訓練」と「規律」をすごく言うからねえ。

だけど、政治の世界では、それがきつすぎると、うまくいかないところがある。今の日本だと、公職選挙法みたいなので細かく縛《しば》られて、すごくやりにくそうだよねえ。政治を自由にやったら、すぐ犯罪人にされちゃうようなところがあるじゃないか。なあ？

そりゃあ、軍としての規律は守らないといかんだろうけど。まあ、今の日本の自衛隊だって、きっとそうだよ。仕事が紐《ひも》付きになってるから、自由自在の、縦《じゅう》横《おう》無《む》尽《じん》の軍としての働きが、たぶんできないよ。もう全部、指示がなければ、あるいは、法律に根拠《こんきょ》がなければ、動けない。まさにそうだと思うよ。

里村　確かに、現代は、「法三章《ほうさんしょう》」では済まなくなっているわけですけれども……。

劉邦　そうでしょう?

漢《かん》の建国後に味わった「守成《しゅせい》」の苦しみ

里村　ただ、劉邦様の実績を見たときに、いわゆる皇帝《こうてい》になられ、漢帝国《かんていこく》ができたあとは、多少、粛清《しゅくせい》的なものが出ているものの、そこに至るまでには、「部下を罰《ばっ》した」とかいうエピソードは、ほとんど聞きません。

これは、物語になっていないのか、それとも、あまりそういうことは好まれなかったのでしょうか。

劉邦　まあ、これはよく言う、「創業と守成《しゅせい》」なんだろうけどねえ。「創業の人と守成の人は違《ちが》う」と言われていて、守成のほうは、事業を守っていくほうだよな。

そういう意味で、ちょっと人材が違ってくるんだ。

だから、一人で帝国を建てたあとは、守成もやらなきゃいけなくなったんで、実際に漢帝国ができてから、秦《しん》の始皇帝《しこうてい》の苦しみがちょっと分かった（笑）。「ああ、大変だなあ」っていうのを、本当に。

いやあ、敵があって戦うときは、能力のある人はいくらでも欲《ほ》しいけど、実際に平定してしまって、平和の時代になると、そういう人たちはみんな反乱の分子になるからねえ。

だから、功臣《こうしん》、つまり、功のある者を処刑《しょけい》したりするのは、やっぱり、つらいものはあったわな。

だけど、本当は、俺《おれ》だけの力で、成功した人をあとから処刑したわけじゃなくて、呂后《りょこう》のあれが強かったね。

始皇帝（前259～前210）
前221年に中国を統一して最初の皇帝となる。しかし、急激な拡大や強圧政治に対する反動のため、死後、数年で帝国は崩壊した。

あれは、まあ、ずいぶん苦労させた妻で、項羽の人質《ひとじち》にずいぶんなってたので、こちらも頭が上がらなかった人ではあるけど。

頭のいい人だったのよね。俺より頭がいいんだよ、あっちのほうが。だから、政治的に俺の敵になりそうなのを早めに見つけて、「あれは危ない」っていうのを分かってたから。

「韓信とかは、絶対合わない。韓信とあんたと戦ったら、誰《だれ》が見たって、もう、百戦百勝で向こうが勝つに決まってるじゃないの。独立されたらもう終わりだ」っていうあれだったからね。

まあ、ほかの参謀《さんぼう》っていうか、軍師がついていて、調整しているうちはまだよかったけど、戦いが終わったあとは呂后に殺されてるわねえ。だから、そのへん

呂后（？〜前180）
漢の高祖劉邦の皇后（左）。その偉大な内助の功によって后に立てられ、尊敬された。

は、あったわねえ。

まあ、蕭何《しょうか》も不幸な最期《さいご》になったかもしれないけど、張良は賢《かしこ》いから、いち早く逃《に》げたよな。もう引退しちゃったからね。

人の使い方に見る「創業」と「守成《しゅせい》」の違《ちが》い

里村　そうすると、事業も発展段階に応じて、方針や人の使い方など、いろいろなものが大きく変わってくるわけですね？

劉邦　（舌打ち）いや、だから、難しいんだよね。

先ほどの松下《まつした》さんみたいな、小学校中退の人が大会社をつくって、実際、何十万人の会社になりゃあ、そらあ、人が使える帝王学も要《い》るし、海外にも会社を出してるから語学も要る。実際、小学校中退の経歴じゃあ、本当は務まるようなあれじゃないよなあ。

それで、息子《むすこ》さんには偉《えら》い人を呼んできて、つけたようだけど、商売勘《かん》がそれほどなくて、なかなか松下家で続かずに会社名まで変えられたらしいな。中国では有名な方でもあるんだけどなあ。

やっぱり、人に経営の方法はたくさん教えられたけど、自分のところの会社は、後が継《つ》げなかった。帝王学のところが継げなかったみたいだな。

だから、創業者は、「有能な人を使う」っていうのがうまいところはある。自分より有能な人が使えないと、創業はできないんだ。

ただ、これが、守成《しゅせい》のほうというか、それを維持《いじ》するほうになってくると、要するに、例えば、松下が何万、何十万の会社になったら、松下家の子孫より優秀《ゆうしゅう》な人が、いっぱいいるじゃないの。そうすると、なかなか、それ（松下家）を守り切れないっていう感じで、有能な人を〝消《け》し〟始めたり、あるいは、有能な技師とかを、やっぱりクビにし始めたりするので、だいたいガサーッと崩《くず》れる。

今のソニーも、なんかそうらしいよねえ。技術者の優秀な人がみんな辞《や》めてしまって、駄目《だめ》になってるとは、聞いたけどさあ。

まあ、そんな感じのところが出てくるので、「創業と守成は違《ちが》うんだ」と思わなきゃいけない。

だから、おたく様でも、これが創業期であれば、有能な人とか、性格の変わってる人はいくらでもまだ使えるけども、「守成」っていうか、もうこれ以上大きくならなくて、固めに入ってしまったら、だんだん、「いわゆる草食系の人を中心にして、肉食系の〝百獣《ひゃくじゅう》の王〟は一人でいい」みたいな感じにしないと、うまくいかなくなるときはあるかもしらんな。

ただ、それでも、人材の回転は、けっこう速かったように聞いとるからさあ。なんか、何年かおきに人材の入れ替《か》えがあったみたいだから、大川さんは、その両方の面を持ってたんだろうとは思うけど。まあ、入れ替えられるほうは、「こんなに早く入れ替えられるのは、たまったもんじゃない」という気はあったでしょうね。

今は、ちょっと（スパンが）長くなってきたみたいだから、考えが少し変わっているのかもしらんけどなあ。

里村　なるほど。

8 天下統一の秘術を語る⑤──「度胸《どきょう》のよさ」

劉邦は本当に「豪胆《ごうたん》」だったのか

里村　もう一点、お伺《うかが》いいたします。

劉邦様のお話を聞くと、先ほど、〝切った張った〟の話も出ましたが、結局、ポイントとしては、とにかく「度胸《どきょう》のよさ」ということに関して、歴史上、これほど度胸のある人もいないのではないかと、私は思うのですけれども、この「度胸のよさ」というのは、天賦《てんぷ》のものではなくて、やはり、かなりご自身でつくられたのでしょうか。

劉邦　いやあ、それはどうかな。度胸だけだったら、ほかにもいるよ。「豪胆《ごうたん》」っていうだけだったら、豪傑《ごうけつ》はほかにもたくさんいたからねえ、歴史上なあ。

だから、そういう意味での豪傑じゃないからさあ。「豪胆さ」っていう意味では、そりゃあ、関羽《かんう》や張飛《ちょうひ》のほうが上かもしらんし、樊噲《はんかい》のほうが上かもしれないし、まあ、そういう人は、たくさん、ほかにもいたわなあ。

だから、いわゆる豪胆ではないので、「度胸のよさ」っていうけど、うーん、何だろうねえ。

もともと、大して何も持ってなかったから、今の実業家でいえば、「いつ会社が潰《つぶ》れたって、またやり直せばいいさあ」ぐらいのことが思えるタイプの人のような感じかなあ。

「一代で起こしたから、潰れたら、またやればいいさあ」っていうのと、もう歴代、名門で、百年続いている大企業《きぎょう》の社長の、「潰すわけにはいかん」っていう感じとの、そのへんの違《ちが》いはあるかもしらんなあ。

里村　そういう意味では、「もう、いつでもゼロに戻《もど》せる。また始めればいいさ」という、けっこう度胸のある、ベンチャー経営者的な面が……。

劉邦　うん、そうそう。まあ、ベンチャーに近いかもしらんが、「生まれにおいて賤《いや》しい」というか、「そんなに恵《めぐ》まれていないし、ボンボンではなかった」っていうことだなあ。まあ、ボンボンさんじゃなかった。

だから、「豪胆」っていうのは、ズバリではないかもしれない。そういうのじゃなくて、「いつスッテンテンになっても、しょうがねえかなあ」と、肚《はら》をくくってたっていうとこかなあ。

「俺《おれ》たちは、ゼロから始めたんだから、負けたってしょうがねえよなあ」「項《こう》羽《う》に攻《せ》められて、逃《に》げたってしょうがねえよなあ」「相手は天下の名将軍だから、そらあ、勝てるわけねえやなあ。今は逃げるかあ」みたいな感じかなあ。

楚漢《そかん》戦争を勝利に導けた本当の理由

里村　いろいろとお話を伺ってまいりましたが、ここで、「あれだけ負け続けながらも、結局、最後には勝ちを制する秘訣《ひけつ》」というものを伝授《でんじゅ》いただければ、ありがたいのですけれども。

劉邦　まあ、本当を言うと、勝つ要素はあまりなかったんだ。本当を言うと、ないんだよ。

だから、本当は、「項羽が強すぎて、秦《しん》が倒《たお》されてしまったんだけど、最後に高転《たかころ》びしたために、こちらに（勝ちが）転げ込《こ》んだ」っていう感じのほうに近いね、実は。そういう意味で、項羽があれだけ強くなかったら、秦は潰せなかったと思う。

里村　いや、それは、謙遜《けんそん》されていると思うのです。何しろ、項羽将軍は「政治性」、張良《ちょうりょう》様は「老獪《ろうかい》さ」というように、いろいろなかたちで、劉邦様の「勝った必然性」を述べておられますので……。

劉邦　そうだけど、全軍まとまってさあ、項羽と戦っては逃げ回ってたんだからさあ。そう言ったって、蕭何《しょうか》だって張良だって、みんないたけど、逃げ回ってたからね、一緒《いっしょ》になって。

それで、関中王《かんちゅうおう》に、先になっていたはずなのに、「三国志《さんごくし》」の蜀《しょく》の国に当たる部分の、あちらの山奥《やまおく》まで追いやられても、おとなしく命令に従《したが》って行っているぐらいだから、いかに、われわれが、そんなに強くなかったかがよく分かるわなあ。

釈　負けても負けても、そうした人材が、みんなついてくるあたりに、魅力《みりょく》があるのだろうと思うのですけれども。

劉邦　だから、本当はね、歴史の状況によっては間違いなのよ。

（手元の資料を指しながら）まあ、何か、俺の年齢《ねんれい》を、六十一歳《さい》で死んだ説と、五十二歳で死んだ説と、二つ書いてるけども、項羽は三十歳で死んでるのよ。つまり、若くて、かっこよくて、強くて、有望。こっちは、死んだときに、この年ですから、本当にねえ。

いやあ、年は、だいぶ、こちらのほうが上だったから、そういう意味では、

「老獪」という面はある。

老獪ではあったんだけど、年が上だったということは、偉《えら》くない時期が長かったということでもあるからねえ。やっぱり、一代にして彗星《すいせい》の如《ごと》く出てくる将軍みたいなのには、「まともに、勢いで当たったら、勝てるわけがない」っていうのは知ってたよ。だけど、そういう駒落《こまお》ち将棋《しょうぎ》でも、なんか、「負けずに逃げ回って、相手のミスを待つ。失策を待つ」みたいな、そんな感じかなあ。

9　天下統一の秘術を語る⑥――「人心掌握《じんしんしょうあく》」

劉邦自らが認める「強み」とは

森國　「敵の敵は味方」というわけではないのですけれども、項羽《こうう》と戦うときに、例えば、「『彭越《ほうえつ》』という方に、けっこう項羽の気をそらさせて、その隙《すき》に消耗《しょうもう》させ、項羽の戦力を削《そ》ぐ」というような戦い方をされていたと思います。そのように、純粋《じゅんすい》な自分の味方以外の、「敵の敵」を巻き込《こ》む秘訣《ひけつ》みたいなものがあるのでしょうか。

劉邦　彭越だって、日和見《ひよりみ》してて、楚漢《そかん》のどちらにつくか、生き残りを考えてた人だねえ。

韓信《かんしん》だって、あまりに連戦連勝で国を取っていってさあ、試《ため》しに来たよなあ。「斉《せい》の仮王《かりおう》にしてもらえないか」みたいなことを言ってきたから、俺《おれ》は怒《おこ》ったよ。そうしたら俺が張良《ちょうりょう》に怒られて、「ハッ！　ワッ！」って足を踏《ふ》まれて、「今、韓信を離《はな》したら駄目《だめ》だ」って言われたので、「いや、そんな『仮王』なんて言わずに、王になれ」とか言って、度量《どりょう》の大きいところを見せたりしたけどもさあ。まあ、両方とも、もし俺と項羽が戦って、どっちが勝つか負けるか、決着がついちゃったら、その後の生き残りを考えてるあれだったしなあ。

だから、そのへんの、厳しいところはあるけど、何て言うかなあ、人の「野心」っていうか、「心の動き」っていうか、そういうものが見えたところはあるな。それは、年齢《ねんれい》かもしれないし、人生経験かもしれないけど、自分の強さにうぬぼれてなかった面かもしれない。

他の人の、人心《じんしん》の「掌握《しょうあく》」っていうか、「収攬《しゅうらん》」が大事であるので、そういう人心をつかめるかどうか。あるいは、人心として忠誠心がない人間でも、時に利あらば、それを味方につけられるか。「利あらずんば敵になるかもしれないけども、使えるときには使える」っていうだけの節操《せっそう》のなさがあるかどうか。

だから、これは君らに言っときたいけどねえ、女一本《いっぽん》に絞《しぼ》るような男性は駄目だからね。あっ、これは、宗教で言っちゃあいけないテーマだけど……（会場笑）。女一本に絞るとだねえ、だいたい、そういうことはできなくなるから。

だからねえ、虞美人《ぐびじん》に縛《しば》られたあたりで、項羽の破滅《はめつ》が決まったのよ。本当にねえ、やっぱり、軍師の范増《はんぞう》が言ってるとおりだ。「あの女は危ない。あれは、あまり入れ込んだら、もうあれで、天下を取れなくなりますよ」って言ってたけど、これは実に正しい！（机を叩《たた》く）

あれは、もうちょっと、ほかの女を何人かつけて、いつでも捨てられる準備をしておかなきゃいけなかったね。どっちの方向に逃《に》げてもいいように、置いとかなきゃいけなかったねえ。

幸福の科学に足りないものは「ヤクザの親分の人間学」？

里村　いや、お話は下賤《げせん》なようにも聞こえますけれども（笑）……。

劉邦　下賤だねえ。君とはよく話が合うような気がする。

里村　いえいえ（笑）。非常に深いものを感じます。

劉邦　ほとんど、週刊誌ネタだね。もう、はっきり言やあねえ。

里村　いやいや、そんなことはないです。結局、「捨てられるものをどれだけ持っているか」、そして、「実際に捨てられるか」というところに……。

劉邦　いやあ、駒《こま》を捨てる勇気は要《い》るよ。やっぱり、「『飛車《ひしゃ》』が入るんだったら、『角《かく》』を捨てる」ぐらいの覚悟は要るわなあ。

里村　普通《ふつう》は捨てたくないですよ。全部持ったまま、勝ちたいですから。

劉邦　そうそう。持っていきたいだろう？　そらあ、負けを認めたくない人は、そう言うわな。まず間違《まちが》いない。

まあ、「歩《ふ》」は捨ててもいいけど、やっぱり、「飛車角」や「金《きん》」は、取られたくはないわなあ。

ただ、普通はそうだけど、「『捨ててもいいから、最終的に勝ちが取れるかどうか』を考えることはできた」っていうことだなあ。

例えば、「親父《おやじ》が煮殺《にころ》されたって構わへん。どうせ、死ぬだろう」って言って、親不孝者の汚名《おめい》を被《かぶ》っても、「どうせ、そんな男だから」と開き直りができるっていうのが、ある意味での強さになったし、開き直りができたからこそ、親父は助かったみたいな面もあるわなあ。

里村　はい。

劉邦　俺が、義理堅《ぎりがた》い儒教《じゅきょう》の徒で、「孝《こう》」を唱えてたら、「親父を油で煮殺す」なんて言われると、それを助けるために降伏《こうふく》してしまいかねないだろう？　だけど、そんなのにとらわれないからさあ。ああ、頭がよくなくてよかったよ。

ほんとに助かった。

里村　いやあ、やはり、すごい人間学をお持ちだなと思うのですけれども……。

劉邦　いやあ、君ぃ、言っとくけど、これは、意外にねえ、ヤクザの親分なんかの人間学に近いよ。

里村　私どもも、「もしかしたら、今日は、『親分のリーダー学』を聞けるのではないか」と話していたのです。

劉邦　そうそうそうそう。実は、ここに、まだちょっと足りない部分だから……。

里村　え？

劉邦　これは、この教団に、ちょっと足りない部分だからさ。たまには、智慧《ちえ》が回って、いろいろな作戦を立てることもあるようだけれど、いつも清廉潔白《せいれんけっぱく》で、正々堂々としすぎてるよなあ。それで、正々堂々と負けすぎるわなあ。

だから、どこかで、もうちょっとなあ、「イタチの最後《さいご》っ屁《ぺ》」みたいなのをかましながら逃げていく練習をしたほうが、ええんとちゃうかねえ。

10　劉邦は現代日本の政治家をどう見るか

もし劉邦なら、現代のマスコミにどう対応するのか

釈　お話を伺《うかが》っていて、たいへん大きな希望を頂きました。

劉邦　おお！　希望になった？

釈　はい。

劉邦　それはよかったねえ。

里村　その「イタチの最後《さいご》っ屁《ぺ》」的なものとは、例えば、どういうものなのでしょうか。まあ、もちろん、「最後」というわけではないのですけれども……。

劉邦　だから、霊言《れいげん》とかでさあ、地位ある男性が、「（幸福実現党の）美人党首に関心がある」とか言ったらさあ、そんなときは、すかさず擦《す》り寄っていくぐらい、やっぱりねえ、あなた……。

釈　はい。あの、頑張《がんば》ってみます（会場笑）。

劉邦　それが、どこに波及《はきゅう》するか分かんないからね。その人を捕《つか》まえたら、ほかのところから味方を呼び込《こ》んでくれたり、会わせてくれたりするかもしれないじゃないか。なあ?

だから、そういうところについて、あんまり潔癖《けっぺき》すぎちゃいけないので、表向きは、「私は仏陀《ぶっだ》の花嫁《はなよめ》です」と言って、総裁を〝騙《だま》して〟おきながら、夜には裏で動くぐらいの汚《きたな》さがないと、やっぱり、天下は取れないですよ。

釈　（苦笑）ええ、しっかりと……。

劉邦　いや、これは、宗教では、ちょっとまずいテーマでしたね（笑）。

まあ、それは、あなたが主体的に思ったらいけないことであるから、「里村にたぶらかされて、そういうふうなことをした」ということでもいいかもしれないね。

里村　なるほど（笑）。

劉邦　「軍師がそう言ってる」ということで……。

釈　（苦笑）しかし、今は、時代的に、マスコミが、非常にうるさい時代になってきまして……。

劉邦　そうなんです。そうなんですよ。

釈　組織の防衛などもありますので、このあたりは難しいと思うのです。今の時代であれば、劉邦様も、マスコミの攻撃《こうげき》の嵐《あらし》で、大変なことになっていると思うのですけれども、このあたりは……。

劉邦　そんなことはないね。とっくに、マスコミを懐柔《かいじゅう》してると思う。とっくにやってるよ。

そんなものに書かれるほどバカじゃないね。もうとっくに落としてるわ。「書いたら、あんたらのも出てくるよ」ってね。アッハハハハ。

里村　確かに、現代であれば、苦労人である田《た》中角栄《なかかくえい》さんが、マスコミに「今太閤《いまたいこう》」と持ち上げられていました。やはり、そういうふうな感じでしょうか。

劉邦　まあ、あれ（田中角栄）は、最後がちょ

2010年４月23日、田中角栄の霊言を収録した。『景気回復法』（幸福の科学出版）第２章に所収。

っと悪いからさあ。

里村　はい。そうですね。

劉邦　最後が、俺《おれ》と、ちょっと違《ちが》うからさあ。あれは、結局、最後はインテリに負けたんだよな。インテリの敵をつくりすぎたわ。露骨《ろこつ》すぎたからなあ。

里村　うんうん。

劉邦　まあ、這《は》い上がっていくときはしかたがないんだけど、一定の……、まあ、総理まで行くと「品格」が要《い》るからさあ。参謀《さんぼう》部分のところが、そのへんを、もう少し上手に隠《かく》さないかんかったんやろうねえ。

誠実そうに見せるのがうまい安倍《あべ》首相は、意外と「老獪《ろうかい》」

里村　その視点でご覧になりますと、今の日本の政治家、例えば、安倍《あべ》首相などは、どのように見えますでしょうか。

劉邦　「まあまあ」なんじゃないか。

里村　ほう。

劉邦　誠実そうに見せるのが、うまいじゃない？

里村　はい。

劉邦　誠実そうに見せるのが、うまいじゃない。ただ、ほんとに誠実かどうかは知らないよ。でも、誠実そうに見せるのはうまいし、それから、間接的な力っていうかなあ、周りの力を使うのがうまいよなあ。けっこう、応援団《おうえん》を上手に引きずり出してきて応援させて、自分の代わりに言わせたり、させたりするでしょう？

里村　はい。

劉邦　例えば、今は、ＮＨＫの会長だとか、経営委員だとかが、いろいろやられてるけど、あれらは、代わりにやられてるよな。ああいう、作家とかがやられたり、いろいろな応援団のほうが、安倍の代わりにやられて、安倍のほうは、意外にディフェンスがけっこう強いよなあ。自分自身は攻《せ》められないで、ほかの者がやられたりしてる。

だけど、そういう、「泥《どろ》を被《かぶ》ってでも、安倍さんのために一肌脱《ひとはだぬ》ごうか」っていう人がいるっていう……、それが、うまいわねえ。なかなか、うまいと思う。

里村　昨日《きのう》、今日のニュースになっている首相補佐《ほさ》官の「安倍首相の靖国参拝《やすくにさんぱい》にアメリカが『失望した』と表明したことに、われわれが失望した」という発言も、同じように、「個人の意見としてネットで言っている」と……。

『NHK新会長・籾井勝人守護霊 本音トーク・スペシャル』（幸福の科学出版）。2014年1月31日、NHK会長・籾井勝人氏の守護霊霊言を収録した。

劉邦　ほんとは安倍が言いたいようなことを、ほかの人が言ってて、(批判を)被ってるわけやね。
あのあたりのクビは、飛ぼうが飛ぶまいが、そんなに別状ねえからねえ。それに、その(NHKの)経営委員に、あの零戦《ゼロせん》のやつ(『永遠の0《ゼロ》』)をやった人がいるじゃんか。

里村　百田尚樹《ひゃくたなおき》さんですね。

劉邦　ああ、そうそうそうそう。あれも叩《たた》かれてるけどさあ、普通《ふつう》は、経営委員ぐらいで、あそこまではやられはしないよ。

里村　普通は、あそこまでやられません。

劉邦　あれは、マスコミに、わざと叩かせてるんだよ。
　ただ、彼は、ベストセラー作家だし、映画でものすごいヒットを出してるでしょう？　つまり、国民の人気があるわけよ。
　これは、「国民から人気のある者を、マスコミが叩くと、どうなるか」っていうことだけども、マスコミのほうにだって、必ず反作用は出るんだよ。

里村　はい。

劉邦　それを知ってるの。ちゃんと知ってて、戦わせてて、自分が直接マスコミにやられないようにやっているので、その意味では、彼（安倍首相）には、老獪《ろうかい》なところがある。意外に老獪だ。

昔、首相をやった大叔父《おおおじ》さんや、お祖父《じい》さんだっけ？　彼らなんかから比べると、学歴もだいぶ落ちるんだろうけども、彼には、その分、別な意味で老獪なところがあって、プリンス風に見せながら、実は、「よきに計《はか》らえ」的に、家老《かろう》に腹を切らせてやってるところがあるなあ。
それが、うまいと思う。

政治家一家独特の「隠《かく》れた兵法」を侮《あなど》るなかれ

釈　その安倍首相の限界なども見えておられますか。

劉邦　まあ、意外に、限界は分からないねえ。意外に、まだ〝化《ば》ける〟かもしれない。
最近は、奥《おく》さんのことも、「家庭内野党」とか言って、なんか、いろいろやってるでしょ？　あれも、老獪に見えるなあ。

里村　上手ですね。

劉邦　あのねえ、マスコミは、ああいうのに弱いんだよ。あれを突《つ》いたら離婚《りこん》になるんじゃないかと思ってねえ、「一生懸命《いっしょうけんめい》、攻撃したら、奥さんのほうは、自分たちの側の考えについてくるんじゃないか」って、そう見せるだろ？　そうやって、エネルギーを分散《ぶんさん》させていくんだよな。

あれねえ、夜は、ちゃんとやるべきことをやってるんだろう。

里村　（苦笑）

劉邦　あれは、奥さんが「家庭内野党」として、首相に反対しているように見せて、実は、反対勢力のところを相殺《そうさい》して、消してるんだ。あのへんの老獪さは、相当なものがあるよ。

いやあ、君たち、油断しちゃいけないよ。応援団として、あんまりストレートに、あっさり組み込まれると、戦うほうの役をやらされる。

里村　なるほど。

劉邦　もし、単線で、〝単細胞《たんさいぼう》〟の党首や広報の責任者がいると、あっさりと〝応援団〟として使われてしまって、いつの間にか、安倍首相の代わりに、幸福の科学が戦ってるような感じに持っていかれる可能性があるから、このへんは、冷静でないといかんところがあるなあ（注。この霊言の二日後、安倍昭恵《あきえ》夫人の守護霊《しゅごれい》インタビューを行った。『安倍昭恵首相夫人の守護霊トーク「家庭内野党」のホンネ、語ります。』（幸福の科学出版刊）参照）。

里村　つまり、先ほどおっしゃった、捨《す》て駒《ごま》として使われると？

劉邦　意外に賢《かしこ》いぞ。そのへんはバカじゃない。

それは、たぶん、政治家一家としての「隠《かく》れたノウハウ」を持ってるからだよ。何代か続いた政治家の家系独特の兵法がある。隠れた〝安倍家兵法〟だか、〝岸《きし》家兵法〟だか知らんけど、

『安倍新総理スピリチュアル・インタビュー』（幸福実現党）

『安倍昭恵首相夫人の守護霊トーク「家庭内野党」のホンネ、語ります。』（幸福の科学出版）

なんか持ってる。気をつけたほうがいい。

里村　われわれとしても、決して、そういう捨て駒などになるつもりはありません。

劉邦　いや、やられるよ。気をつけないと、やられるぞ。

里村　はい。

11　劉邦は現代中国をどう見るか

中国国家主席を「一筋縄《ひとすじなわ》ではいかない男」と見る理由

里村　今、国際情勢を見たときに、もちろん、アメリカも関係していますけれども、アジアのなかで日本は、非常に難しい立場になってきています。

劉邦　うん、うん、うん、うん。

里村　そのなかで、われわれも、いろいろと発言をさせていただいていますが、やはり、一方の〝主役〟であるのは中国です。

そこで、今の中国についてお伺《うかが》いしたいのですが、まず、劉邦様は、習近平《しゅうきんぺい》を、どのようにご覧になっていますか。

劉邦　あれは、ある意味では難しい男だわなあ。「劣等感《れっとうかん》の塊《かたまり》」みたいなところがあったのが、トップに上ってるからねえ。それは、すごいけど、非常に二重性があると思うよ。

里村　ええ。

劉邦　だから、すごい自己卑下《じこひげ》的なところと、すごい高圧的なところとの両方があって、まあ、わしも人のことは言えんが、あれの奥《おく》さんはさ

『中国と習近平に未来はあるか』（幸福実現党）。2012年9月18日、習近平氏の守護霊霊言を収録した。

あ、日本で言えば、トップ歌手みたいななあ。

里村　ああ。（習近平夫人は）国民的歌手です。

劉邦　何だい？「美《み》空《そら》ひばり」っていうんかな？　あのくらいの人を奥さんにもらったことで、（習近平は）政治家として、先発の者を追い抜《ぬ》いてグググッと上がってきた人だよな。あれよりも、首相をしている、あの……、誰《だれ》だっけ？

里村　李克強《りこくきょう》ですね。

劉邦　うん。あちらのほうが頭はいいって、み

『李克強 次期中国首相 本心インタビュー』（幸福実現党）。2012年8月13日、李克強氏の守護霊霊言を収録した。

んな知ってるけど、その頭がいい人を下に使ってなあ。それで、国民的歌手の奥さんをつかまえて、連れて歩いて、アメリカまで誘惑《ゆうわく》しようと頑張《がんば》ったぐらいだからねえ。

里村　はい。

劉邦　「アメリカ人のハートをつかめないか」と思って、アメリカで連れて歩いたぐらいだから。

そういう面があるので、あいつも、なかなか一筋縄《ひとすじなわ》ではいかんところはあると思う。強いところは強いけど、意外に、「引き技《わざ》」もできる

習近平国家主席と彭麗媛夫人
アメリカ訪問にも同行して注目を集めた彭麗媛夫人は、その後も積極的にファーストレディ外交を展開している。

かもしれないからね。そこは、まだ計算ができてないんじゃないかな。気をつけたほうがいいよ。

里村　あの、「計算ができていない」というのは……。

劉邦　あなたがたにね。

里村　ああ、こちらに、ですね。

劉邦　向こうが攻《せ》めてくることだけを考えてると思うけど、「引き技」をかけてこられたときに、意外と引っ掛《か》かる可能性があるんでね。

釈　「押《お》したり引いたりしながら、揺《ゆ》さぶってくる可能性がある」ということですか。

劉邦　うん。中国が、一方的に、自分の領土を拡張するみたいな感じで、グーッと来てくれりゃ、分かりやすくて簡単だけども、アメリカもあるので、うまいこと「引き技」をかけてくる可能性がある。

まあ、この前は、オバマさんとの「力量比べ」だったんだと思うけど、（習近平は）当然、オバマさんの長所も知ってる。つまり、ケネディ的なかっこいいところもよく知ってるけども、弱点も十分に見抜《みぬ》いているので。

でも、まあ、オバマ以後も睨《にら》みつつ、うまく勝てるチャンスを狙《ねら》ってるとは思うね。

習近平《しゅうきんぺい》が使う「引き技《わざ》」の正体とは

里村　「引き技」というのは、具体的にはどんなものなのでしょうか。

劉邦　要するに、「譲歩《じょうほ》したように見せて、実は、実質的に違《ちが》うものを狙ってる」っていう戦い方だな。

だから、だいたい、言うことを大きめに言うだろう？　最初に、「（太平洋を）ハワイで半分こしよう」なんていうことを言っといて、あとで、グーッと譲歩したように見せる。例えば、「ベトナムまでで止《と》めておく」とかね。

まあ、そういうこともあるし、日本に関しては、「（尖閣《せんかく》は）ちょっと棚上《たなあ》げすることにする」とか、パッと言ってみたりしてフェイントをかけ、ほかのところを片づけるとかね。まあ、いろいろやるかもしれない。

あるいは、「分断作戦」なんかだと、「(日本に)フィリピンと組まれるのなら、それを割る」とかね。

「台湾《たいわん》に、ものすごい有利な条件を出してみて、なかを割る」とか。そういうことをやれないことはないと思う。

だから、(中国が)「強気一本」だと思ったら、甘《あま》いと思うなあ。

釈　ただ、あくまでもやはり覇権《はけん》を狙っていると?

劉邦　うーん。こういうタイプの人には、わりに、俺《おれ》と似た部分も一部あるのでね。まあ、強そうに見せるところは、俺よりもうまいから、ちょっと違うところはあるけど。そういう、自分の弱点を補う意味での「奥さん」とかのすくい取り方、搦《から》め捕《と》り方を見たり、自分より有能な人を部下に使ったりしてるのを見れば、意外に、「策士の面」を持っている可能性はあると見たほうがいいね。

あなたがたは、自治区のところを責めるんだろうけども、自治区に対してだって、「妙《みょう》なところで、非常に優遇《ゆうぐう》してみせる」ぐらいの技を使う可能性はあるね。

冬季オリンピックで騒《さわ》ぐ「韓国《かんこく》の術中」にはまるな

釈　今、韓国《かんこく》の朴槿恵《パククネ》大統領、それから、北朝鮮《きたちょうせん》の動向も、非常に不安定なのですけれども、天上界《てんじょうかい》から、この天下の情勢は、どう見えておられますか。
劉邦　そらあ、今、韓国は、冬季オリンピックで日本に勝つことで、もう頭がいっぱいだろうけどさあ。
釈　オリンピックですか。

劉邦　ああ。メダルが取れるか取れんかで、一生懸命《いっしょうけんめい》やっとるな。

里村　今、大騒《おおさわ》ぎですよ。

劉邦　なんか、日本のスターの浅田真央《あさだまお》？

里村　浅田真央選手。

劉邦　彼女をぶち負かしたっていうんで、もう、欣喜雀躍《きんきじゃくやく》して、大喜びしてさあ。

里村　ええ。

劉邦　まあ、そういう国だからね。あんまり大人気《おとなげ》ない怒《おこ》り方はしないほうがいいよ。

ちょっとしたことだったら、「ああ、すごいですねえ」って言っときゃいいのよ。「ああ、すごいですねえ。さすが韓国の人はきれいですよねえ。運動神経もよくて……」と、ケロッと言っとくぐらいの「腹芸《はらげい》」はないといかんのやないかな。あんまり、まともに競争したらいかんと思うねえ。術中にはまるので。

競争することで、「対等外交」に持っていこうとしてるところがあるから、「大人の部分」は持ってなきゃいかんと思うね。

劉邦は、現代の中国を指導しているのか

里村　お話をお伺いしていますと、劉邦様は、必ずしも、今の中国の覇権拡大を

指導しているとか、応援《おうえん》しているとかいうわけでは……。

劉邦　そんなことはないわ。まあ、そんなことはない。わしは、飯《めし》が食えたら、何でもええんだからさあ。飯と酒がありゃあ、何でもいいさ。

里村　今の中国の体制というのは、「法三章《ほうさんしょう》の精神」の劉邦様から見ると、百八十度、違う方向ですものね。

劉邦　いや、そんなことないよ。

里村　でも、今の中国は中央集権ですし、すごく細かい……。

劉邦　法治《ほうち》国家じゃない点は一緒《いっしょ》だから。

里村　ああ、まあ（笑）。本当の意味の、ですね？

劉邦　（中国は）〝人治《じんち》国家〟だからさあ。上が「いい」と言やあ、これでいいんだから。まあ、完全に違うとは言えないな。

毛沢東《もうたくとう》に見る「中国人が魅力《みりょく》を感じる条件」とは

里村　中華《ちゅうか》人民共和国は、一九四九年の建国ですけれども、劉邦様は、毛沢東《もうたくとう》を支援したというわけではないですよね？

劉邦　うーん。毛沢東ねえ。あれも、中国人として見たら、なかなか味のある人ではあるわなあ。深みがあって……。

里村　ええ。

劉邦　彼は、勉強もしたけど、試行錯誤《しこうさくご》もしながら、戦略・戦術を練ったり、まあ、女性については、ずいぶんお楽しみだったようで。

大したもんだよ。〝清廉潔白《せいれんけっぱく》〟な共産党において、洞窟《どうくつ》に女性を侍《はべ》らせ、けっこう楽しみながらやってたみたいだけど。要するに、「インテリの面」と「遊び人の面」と、両方持ってて、なかなか、中国的な深さがあるよなあ。

「三国志《さんごくし》」や「水滸伝《すいこでん》」なんかも、そうだろうけど、中国人って、「英雄豪傑《えいゆうごうけつ》だ

『マルクス・毛沢東のスピリチュアル・メッセージ』（幸福の科学出版）。2010年4月5日、毛沢東の霊言を収録した。第2章に所収。

けど、プー太郎《たろう》で、出来損《できそこ》ない」みたいな、妙なところに魅力《みりょく》を感じるところがあるんだよなあ。

（毛沢東には）「エリートっぽいようにも見せつつ、不良」みたいなところもあって、確かに、そういう意味での「親分的な面」はあったわなあ。それで、カリスマになったんだろうねえ。

里村　うんうん。

劉邦　さらに、下には、真面目《まじめ》な周恩来《しゅうおんらい》とか、ああいう人たちを使いながらやったんだろうからねえ。

釈　「周恩来は、蕭何《しょうか》の生まれ変わり」というあたりは……（前掲《ぜんけい》『周恩来の予言』参照)。

劉邦　そういうことを言うとるらしいね。まあ、そうなんだろうよ。

里村　そうでございますか。

劉邦　そう言ってるんなら、そうなんだろうよ。まあ、そのくらいの人かもしらんねえ。

里村　ただ、劉邦様は、今の中国に対して、応援や支援はしていらっしゃらないと?

劉邦　私はねえ、もらうもんをもらったら、あとは冷たいからね。まあ、取れるもんは取るけど、取れるもんを取ったら、あとは、そんなに考えないほうだからねえ。

12 劉邦は現代で「世界制覇《せいは》」を成し遂《と》げた⁉

今の時代、「地球的な覇権《はけん》争い」をしないと面白《おもしろ》くない

里村　今、劉邦様は、霊界《れいかい》にいらっしゃるわけですけれども、今の時代は、どういうお仕事をしていらっしゃるのですか。

劉邦　「どういうお仕事」って、そらあ、〝天下布武《てんかふぶ》〟かもしらんけどなあ。まあ、そらあ、嘘《うそ》だがな。まあ、嘘だけど、何らかの意味で、それは……、うーん。

今は、時代がグローバリズムだから、地球的なあれで覇権《はけん》争いをしないと面白《おもしろ》

くない時代になっとるからねえ。

里村　どこか、特定の国、あるいは、地域を応援《おうえん》しておられますか。

劉邦　ああ。まあ、どっかに属してるかもしらんなあ。

里村　それは、どちらですか。

劉邦　もし、わしが、「〝マクドナルド〟を売っとる」とか言ったら、どうすんねん。ええ？

里村　いやあ。

劉邦　「マクドナルドで、世界を制覇しようとしてる」とか言ったらどうする？

それとも日本人の牛丼《ぎゅうどん》にしてほしいか？　牛丼屋のおやじか何かに……。

里村　おそらく、マクドナルドではないと思いますけれども……。

劉邦　ああ、そうか。そう思うか。その程度には尊敬するか。そうか。

まあ、わしは、意外に多趣味《たしゅみ》なんでなあ。職業には、そんなにこだわってないんだよ。

里村　もしかして、ネットビジネスか何かをされていますか。

劉邦　うーん。かなり近いところまで来た。ただ、ネットビジネスは、頭がよくないといかんところがあるからなあ。
近いところまで来たが、うーん、ズバリじゃない。

里村　「近いところまで来た」ということは、電気関係の会社の経営者などを？

劉邦　電気関係……。まあ、そらあ、今は、電気を使わんとやれんわなあ、仕事的にはなあ。

里村　まあ、それはそうですけど……。いやいや、要するに、電化製品です。

劉邦　ああ？　うーん。電化製品は、関係がないわけではないがな。関係がないわけではないけど、ズバリじゃないわなあ。うん。ズバリじゃない。

「現代の天下取り」は、軍人や政治家とは限らない

里村　要するに、劉邦様は、今、地上にお生まれになっているのですね？

劉邦　まあ、かもしらんなあ。

里村　過去世《かこぜ》の話の前に、突然《とつぜん》、とんでもないところまで飛んでしまったのですけれども、「かもしれない」とは……。

劉邦　ああ、まあ、いろいろなことをやってるから、今は、もしかして、本当に無名で、「石を運んでるだけ」とか、そんなのかもしらん。

里村　いやいや、劉邦様には、いつも、天命があります。放っておいても、そういうところまで行かれる方なので、アメリカの企業《きぎょう》でも……。

劉邦　「現代的天下取りとは、なんぞや」ということがあるわなあ。「現代的天下取りは、いったい何なのか」っていう、この定義からすると、軍人や政治家とは限らんわな、必ずしもなあ。

里村　やはり、現代的に言うと、経営者というのが……。

劉邦　金儲《かねもう》けも、けっこううまいかもしらんわな。才能的に見りゃあなあ。

里村　そうですねえ。

劉邦　うーん。それはあるかもしらんなあ。だけど、「金儲けがうまい」っていっても、たぶん、ビル・ゲイツみたいに頭がええわけではないわな。

劉邦は、誰《だれ》もが知る「あの映画監督《かんとく》」として蘇《よみがえ》った

里村　現代のアメリカに生まれていらっしゃいます?

劉邦　さあ、どうだろうね。このへんは、究極の〝あれ〟になってきますね。「視聴《しちょう》者のみなさん、番号を押《お》してください」っていうような……。

里村　これは、歴史ファンならずとも、お伺《うかが》いしたいところなので、ぜひ、もう少し、ヒントというか、むしろ、「そのものズバリの答え」を頂きたいんですけれども……（会場笑）。

劉邦　君らがやってる仕事に、一部、関係がある。

里村　出版事業ですか。

劉邦　違《ちが》う。違う。

里村　ということは、教育ですか。

劉邦　するわけねえだろう。

里村　ですよねえ（会場笑）。劉邦様に教育は……、違いますね。今、「違うな」と私も思いました。

劉邦　冗談《じょうだん》がすぎるわ。

釈　テレビ関係？

劉邦　まあ、近いね。近づいてきた。

里村　マスコミですか。ルパート・マードック？

●ルパート・マードック〈1931 〜〉オーストラリア系アメリカ人の実業家。1979年に、国際メディア企業ニューズ・コーポレーションを設立。世界的なメディア王として知られる。

劉邦　え？

里村　ルパート・マードックではないですか？

劉邦　いや、いや。あんなんじゃないよ。

里村　ええ？　そういうのではなくて……。

劉邦　うーん。もうちょっと、〝いかがわしいもの〟だ。

里村　〝いかがわしい〟？　ハリウッドビジネスですか。

劉邦　お！　近づいてきたなあ。

釈　映画……。

劉邦　近づいてきたな。ああ、そうなんだ。

釈　映画ですか？

劉邦　出てきたな。

里村　映画で言うと、ディズニーの……。

劉邦　ディズニーで来たか。あれは、ちょっと……。

里村　違いますか。

劉邦　俺《おれ》にしちゃあ、さすがに、〝人殺し〟が少なすぎるんじゃねえか。

里村　人殺しのシーンが、少なすぎる？　そうすると、戦争映画とか……。でも、監督《かんとく》ではないですよね？

劉邦　まあ、そらあ、監督だって、したことはあるかもしらんなあ。

里村　映画監督ではなくて、プロデューサーとか、あるいは、映画会社の社長ですか。

劉邦　うーん。まあ、そうかなあ。でも、日本人で知らない人はいないよ。

釈　日本人ですか!?

劉邦　いや、日本人で知らない人はいないよ。

（聴聞者席《ちょうもん》から「スター・ウォーズなどをつくられた方」という声）

里村　ジョージ・ルーカス？

劉邦　うーん。惜《お》しいなあ。

里村　ちょっと待ってください。ジョージ・ルーカスで「惜しい」ということは、スピルバーグ？

劉邦　うーん。まあ、そういうことになるかなあ。

里村　ええ!?（会場どよめく）

劉邦　そんな仕事でも、まあ、現代的には、あれも「帝王《ていおう》」だよ。

スティーヴン・アラン・スピルバーグ（1946～）
アメリカの映画監督、映画プロデューサー。
1975年には、さまざまな撮影の困難を克服して撮り上げた「ＪＡＷＳ／ジョーズ」が世界中で大ヒットを記録。ハリウッド新世代のトップ監督となる。その後、善良なエイリアンを描いた「未知との遭遇」「Ｅ．Ｔ．」などを発表。「ジュラシック・パーク」を大ヒットさせた同じ年に、「シンドラーのリスト」で、アカデミー監督賞・作品賞をダブル受賞した。親日家としても有名。
なお、幸福の科学では、2011年５月25日、「2012年 人類に終末は来るのか？②」と題し、「スティーヴン・スピルバーグ守護霊の霊言」を収録した。

里村　なるほど。劉邦には、徳川家康《とくがわいえやす》の魂《たましい》との関係があるのか？

釈　これまで、劉邦様には、家康《いえやす》様と魂《たましい》のご縁《えん》があると言われていたこともあるのですが、これは……。

劉邦　別に、入れてやってもいいよ。

釈　でも、今、地上に生きておられるわけですよね？

里村　本当に、家康様としてお生まれになったことがあるのですか。

劉邦　うーん、まあ……。

釈　怪《あや》しいですか。

劉邦　君たちが、そう信じたいんなら、入れたほうがいいだろう。

里村　いや、ちょっと待ってください。まず、過去世の前に、現代のほうへ……。

劉邦　だから、わしは、何でもいいんだって言ってんじゃない？

里村　いやいや、現代の話で言いますと、要するに、今回、スピルバーグとして、エンターテインメント、つまり、映画という手段で、「世界の覇者」に……。

劉邦　制覇してるでしょ？　ある意味では。

里村　はい。

劉邦　そうでしょ？　有名でしょ？

里村　はい。

劉邦　だから、有名なんですよ。現代の戦いは、こういう……、ああ、スター・ウォーズ……、（宙を指差しながら）「宇宙戦争」だ。

里村　確かに。

劉邦　確かに、「宇宙」で勝ってるんだ。うーん。そちらのほうだねえ。まあ、いろいろなのをやってるでしょ？　これは、ある意味での、一つの「未知なる戦争」であるし、「未知なる政治の世界」に入ってはいて、「世界征服《せいふく》」に入ってるわけで……。

里村　中国も、今、ハリウッドで、とにかく、仮想敵国的な存在にならないように、一生懸命《いっしょうけんめい》、やっていますものね。

それに、今、大きな影響力《えいきょうりょく》が……。

劉邦　ハリウッドに出るのは大変だよなあ。だから、まあ、ああいう商売のうまみは、やっぱり、女優さんと一晩過ごしたりできることが、たまにあるっていうことだよなあ。

里村　いや、そんなところでは……（苦笑）。

劉邦　そういうことがあってもだねえ、権力があるために、マスコミは追及《ついきゅう》できないんだなあ。だけど、イタリアやフランスの首相だの大統領だのになると、追及されて、けっこう苦しいことがあるわな。

しかし、ハリウッド関係なんかだったら、どんな美人な女優さんと付き合ったって、分かりゃあせんねえ。

次に生まれ変わったら「宇宙戦争」をやってみたい

釈　なんだか、芸術的な魂のようには……。

劉邦　見えない!?

釈　はい。あまり……（苦笑）。

劉邦　言うたな!?

釈　このあたりには、どういう秘密があるのでしょうか。

劉邦　あなたも、美女になる魂であるようには見えない！

里村　（苦笑）

釈　（笑）それは、どうでもいいのですが……。魂の側面として、非常に大きなものをお持ちでいらっしゃるのですか。

劉邦　でも、「金儲け」とかね、「企画力」とかね、「プロデュース力」とかね、こういうものは、大勢の人を使って成功させていくっていうところでは、ある意味で一緒《いっしょ》なんだよ。

釈　「E.《イー》T.《ティー》」などが、初期のブレイクのきっかけになりましたけれども、そういう、宇宙時代などにも興味をお持ちでいらっしゃるのですか。

劉邦　それは、あってあって。

だから、次の生まれ変わりがあるとすりゃあ、「宇宙戦争」だろうなあ。間違いないがなあ。

里村　ああ、そちらのほうに行かれるわけですね？

劉邦　うん。当然、戦ってみたいなあ。

劉邦の転生《てんしょう》に表れる「魂《たましい》の傾向性《けいこうせい》」とは

里村　収録時間も、どんどんなくなってきて、本当に残念なのですが、ほかの転《てん》生《しょう》でも、やはり、地球的な、非常に大きなお仕事をされてこられたと思いますので……。

劉邦　そらあ、あるわなあ。

里村　教えていただいてもよろしいでしょうか。

劉邦　だけど、基本的に、有名でないものは、みんな隠《かく》すわなあ。

里村　いや、絶対に、お名前が遺《のこ》っているはずです。

劉邦　そらあ、そうだろうな。まあ、どっかにはあるだろう。もう、いくらでもいいよ。私なんかだったら、百回ぐらい生まれてても構わない。

里村　そのなかで、真実、リアルなものを、「ザ・ファクト」で教えていただきたいと思います。

劉邦　まあ、私は、結果的には、ある程度、有名になるっていうことはありえるし、あまり、ガチガチの義理堅《ぎりがた》い人間ではない。さらに、スタート点は、あまり高くないことが多い。まあ、そういうことは言えるわなあ。

だから、本当は、そうずっと貴族趣味ではないんだけどね。

里村　ええ。

劉邦　それよりは、どっちかというと、魂《たましい》的に成長することっていうかなあ、飛躍《ひやく》することを楽しんでるようなところはあるわなあ。どっちかといやあねえ。

里村　日本にお生まれになったことはありますか。

劉邦　それは……。まあ、今、なんか、日本語をしゃべっとるわなあ。

里村　そうですね、日本語を話されています。

劉邦　何となく、日本語をしゃべっとるわなあ。

里村　戦国《せんごく》時代に、お生まれになったのですか。

劉邦　まあ、いいよ、いいよ。君たちの夢は夢で、叶《かな》えてあげなくちゃいけないから……。

里村　いや、とんでもないです。でも、日本で、昇《のぼ》り龍《りゅう》の醍醐味《だいごみ》を見せたのは、豊臣秀吉《とよとみひでよし》ですから、秀吉としてお生まれになったのでは……。

劉邦　いやいや、それは、君（里村）に〝譲《ゆず》らなきゃいけないこと〟になってるらしいからさあ。

里村　それは違います。もう、お戯《たわむ》れは……（会場笑）。

劉邦　いや、君ねえ、やっぱり、先生の出した霊言《れいげん》を疑っちゃいけないよ。

里村　いや、それは、霊人の語った言葉であり、総裁の直接の言葉ではないので……。

劉邦　ああ。

日本での転生《てんしょう》は男性とは限らない!?

劉邦　いやあ、それ（秀吉の生涯《しょうがい》）は、ちょっと「日本での描かれ方」が、あまり美しくないね。私は、何て言うか、ちょっと違うかもしれないね。

やっぱり、そんなんではないかもしれないね。そういうのじゃないかもしれない。

里村　日本での描かれ方が……。

劉邦　うん。ああいうタイプじゃないかもしれない。ズバリ、そうじゃないと思うな。ああいう、トントン拍子《びょうし》に出世するようなタイプではないじゃない？　秀吉は、けっこう知恵者《ちえもの》だよね。

だから、わしらみたいに、逃《に》げ回ったりするようなうまさが、そんなにあるわけじゃないと思うよ。あの人は、そういうタイプじゃなくて、「勝つべくして勝ってる」っていうか、そういう意味での頭のよさはあるわなあ。それを持ってるような気がする。

私なんかには、そうではない面もあるしなあ。

里村　ただ、日本の戦国時代は、下剋上《げこくじょう》が可能な時代だったと思いますので、やはり、お生まれに……。

劉邦　男性とは限らないぜ。

里村　ええ？

劉邦　必ずしも、男性とは限らないからなあ。そう言ったってなあ。

里村　女性ですか。

劉邦　分からない。分かんないけどね。まあ、必ずしも男性とは限らないね。

里村　ということは、日本で、女性で生まれた可能性も……。

劉邦　うーん。ないわけではないねえ。まあ、あるかもしれない。

里村　戦国時代でございますか。

劉邦　いやあ、それは、やっぱり、固定観念がだいぶ入ってるかもしらんがなあ。

里村　戦国時代ではない？

劉邦　うーん。

里村　鎌倉《かまくら》時代ですか。

劉邦　まあ、どうなんでしょうかねえ。私は、そんなに日本の歴史には詳《くわ》しくはない。日本は好きだけど、日本の歴史に、そんなに詳しくはないんでねえ。まあ、適当によさそうなのを言うてくれよ。

里村　(他の質問者に)どうですか?

森國　時代はいつごろでしょうか。

劉邦　時代を言ったら分かってくるじゃない。やっぱり、歴史ファンはミステリーのなかに置かれないとかわいそうすぎるからさあ。

里村　鎌倉か、足利《あしかが》か、どちらかですか。

劉邦　どうだろうねえ。

里村　これをやっていると時間がかかるので、もう少しおっしゃっていただきたいのですが……。

ぜひ、お名前を一人、日本への〝お土産《みやげ》〟として置いていっていただきたいんです（会場笑）。

劉邦　まあ、若干《じゃっかん》、恥《は》ずかしいこともあるのよね。

里村　いえ、そんなことはありません。

劉邦　春日局《かすがのつぼね》っていうのがあるね（舌を出す）。

里村　ああ！　そうでございますか。三大将軍・家光《いえみつ》の乳母《うば》の……。

劉邦　これでは、あなたがたの脳が〝狂《くる》う〟だろうね。これ以上言うと〝逝《い》きそう〟だからねえ。

里村　（春日局は）すごく気丈《きじょう》な方《かた》だったとは言え、なぜ、乳母で、あんなに名

春日局《かすがのつぼね》（斎藤福）（1579 ～ 1643）
江戸幕府３代将軍・徳川家光の乳母。江戸城大奥の礎を築くとともに、朝廷との交渉の前面に立つなど、徳川政権の安定化に寄与した。また、将軍の権威を背景に、老中をも上回る実質的な権力を握ったとされる。「春日局」とは朝廷から賜った称号。

前が遺っているのかと思っていました。

劉邦　うん。まあ、日本もいい国だよ。うん、うん。いい国だと思うよ。

里村　ということは、今のお答えで、必然的に、「家康説」はなくなりましたね。

劉邦　いや、まだまだ分からないよ。男でだって生まれてる可能性も、ないわけじゃないからさ。

里村　いや、家康様と春日局は、時代が重なっていますので……。

劉邦　ああ、そうか。それはまずかったなあ。それはまずかった。失礼しましたねえ。

里村　いえいえ。

室町《むろまち》時代に、「宗教家」としても生まれていた劉邦

劉邦　人気を取るのが好きだからねえ。意外に、宗教家だったりしたらどうする？

里村　また、最後に、とんでもない……。

宗教家ですか。

劉邦　うーん。意外に、〝人気商売〟だったら、宗教家……。

里村　日本で宗教が〝人気商売〟といえば、鎌倉ですから……。

劉邦　そうかねえ。

里村　え?

劉邦　ふーん、そうかねえ。

里村　そうかねえ?

劉邦　そうかもしれないし、そうでないかもしれない。

里村　そうでないかもしれない？

劉邦　まあ、そうかもしれない。

里村　宗教家としては、どのあたりでご活躍されましたか。

劉邦　ええ？　だからねえ、私が宗教をつくるというか、宗教をやるとしたら、もちろん、仏教の戒律《かいりつ》を破る方向で……。

釈　親鸞《しんらん》ですか。

劉邦　いや、それはちょっと、畏《おそ》れ多いから遠慮《えんりょ》するわ。

里村　え？　親鸞聖人《しょうにん》は……？

劉邦　それは畏れ多いから……。

里村　ああ！　蓮如《れんにょ》様か！

釈　ああ！

里村　確かに、たくさんの奥様《おくさま》がいらっしゃいました（注。奥さんは五人、子供は二十七人）。

蓮如（1415～1499）
室町時代の浄土真宗の僧。本願寺中興の祖。布教方法として、仮名書きによる法語を手紙にして全国の門徒へ発信し、それは「御文」と呼ばれた。また、本願寺を再興し、現在の本願寺教団（本願寺派・大谷派）の礎を築いた。明治15年（1882年）に、明治天皇より「慧燈大師」の諡号を追贈されている。
なお、蓮如の玄孫である顕如は、織田信長を仏敵と見なし、信長包囲網を結成。自らも石山本願寺に籠城して、10年以上にわたり、激しい攻防を繰り広げた。

劉邦　（人差し指を立てて唇《くちびる》に当てるしぐさをする）

里村　あっ！（会場笑）

釈　ということは、イエス様のお弟子《でし》で……（注。蓮如の過去世は、イエスの十二使徒の一人、アンデレ。『黄金の法』〔幸福の科学出版刊〕等参照）。

劉邦　まあ、もちろん、キリスト教にも関係あるよな。それは、探《さぐ》れば、当然、キリスト教やユダヤ教にも関係はあるよ。

釈　そうですか。

劉邦　だから、わりにグローバルな魂なのよ。

里村　はい。

アンデレ
新約聖書に登場するイエスの使徒の一人。『マルコによる福音書』によれば、兄ペテロとともにガリラヤ湖で漁をしていたときに、イエスに声をかけられ、弟子となったという。十二使徒の一人として崇敬される聖人であり、伝承ではギリシャのアカイア地方でX字型の十字架で処刑され、殉教したとされる。

13　劉邦流「人たらし」の秘術

チャンスを与《あた》えられる人となることが「人たらしの条件」

里村　お話を聞いていまして、やはり、劉邦様は、「天下取り」に非常に長《た》けているということが分かりました。いろいろ「天下」がございますが……。

劉邦　そう。「天下取り」、「女取り」、それから、「男取り」……。

里村　それから、とにかく、「人気」ですね。

劉邦　人気ねえ。

里村　人気を集め、名前が遺《のこ》る……。

劉邦　けっこう、「プロデュース能力」があるんですよ。「人」「モノ」「金」「情報」を、いろいろ集めて、何かをつくり出していって、国中や世界中に広げて制覇《せいは》していく。そういう能力には、けっこう長けてるねえ。

里村　最後の最後に、ぜひ、天下を取っていくポイントを、現代の日本人だけではなく、世界の人々に、メッセージとして、お教えいただきたいと思います。

劉邦　まあ、一言《ひとこと》で言えば、「人たらし」だね。「人たらし」になりなさいよ。

「人たらし」っていう言い方は分かりにくいかもしらんけど、とにかく、人と会ったり、話したりしたら、相手をのめり込《こ》ませていくようなタイプにならないと、どんな職業をやっても、天下取りは、成せないね。

里村　はい。

劉邦　これは言えるね。

いや、これは、あなたがたにも言いたいことだけど、「才能がある」というだけでは、人はついてはこない。

「頭がいい」「金がある」「家柄《いえがら》がいい」。まあ、（この三つに人は）いちおう惹《ひ》かれるけどね。惹かれるけど、それだけでは、人はついてこない。

多様な人たちの支持を受けて、人気が出てくるには、やっぱり、人たらしでなきゃいけない。

「人たらしの条件」っていうのは、どっちかというと、まあ、「人の可能性を伸《の》ばす」というか、「認めてやる」というか、「それぞれの持ち味を伸ばしてやる」というか、そういうように仕事をやることだねえ。

だから、仏教で言えば、戒律《かいりつ》が大事な時もあるけども、「仏教の可能性」は、その反対側にあるわけだ。戒律の反対側に、「仏教の可能性」は広がる可能性があるわけですよね。

まあ、人たらしと言っても、結局、接する人たちが「出世する」とか、「金儲《かねもう》けができる」とか、「才能を発揮できる」とか、何か、そういうチャンスをくれる人は、人たらしなわけよ。

つまり、チャンスをくれる人なんだよね。チャンスを見つけ出しては、それを適材に分けてくれる人。これが「人たらしの条件」だな。

今、君たちに、そういう能力があるかどうかを、よく自問自答して、もしなかったら、これからつくらなきゃいかんわなあ。「会えば、何かいいことがあるかも……」っていう感じかなあ。

だから、自分一人で戦えるっていうか、自分一人でできる仕事は少ないんで、やっぱり、多くの人たちの協力を受けないかぎり、大きな事業はできない。これは間違《まちが》いないわなあ。

力を合わせて大きな仕事をなしていくために必要なものとは

里村　そのために大切なのが、「寛容性《かんよう》」、そして、「協調性」というところでしょうか。

劉邦　寛容性は、多少ある。

里村　はい。

劉邦　協調性のところは、ちょっと分からない。分かりにくい。あるかもしれないし、ないかもしれない。ある時にはあって、ない時にはない。

里村　では、多くの人が力を合わせて、大きな仕事を成していくためには、何が必要でございましょうか。

劉邦　でも、やっぱり、ひとつ、「理想」はあるんじゃないかなあ。方法論については、その時代時代の価値観と合ってるかどうかは分からないけれども、理想はあるんじゃないか。なんかの理想がないと、人はついてこないでしょう。そんなことを考えるねえ。

「現代の天下取り」には、いろいろな方法がある

劉邦　だから、君たちも、大きくなって、世界的にキャッチーになりたいっていうか、魅力《みりょく》的になりたければ、やっぱり、私のような人を中心指導霊《しどうれい》に据《す》えるといい。そうすると、信者が増えて増えて困るんじゃないかなあ。

里村　信者が増えて困ることはありませんけれども……。

劉邦　君たちの映画なんか観《み》てても、ちょっとイライラすることがあるよ。「もうちょっと、ここらへんで、絡《から》みを入れて……」とかね。これについては（笑）、ちょっと思うことがあるなあ（注。一九九四年以来、大川隆法製作総指揮の全国

公開の映画を八作品製作している）。

里村　はい。それでは、これから、もっと多くの人の心をつかんでいくために、私どもも精進《しょうじん》してまいりますので、ぜひとも、これから……。

劉邦　僕《ぼく》の冗談《じょうだん》ね、ここでは通じないんだよ。みんな、真剣《しんけん》すぎるよ（会場笑）。

里村　いやいや。

劉邦　（聴聞者《ちょうもん》席を指差して）見てみなよ。全然、笑ってくれないよ。もう死んでるんじゃない？　笑ってるのは君たち（質問者）だけで、あとは、みんな、シラーッとしてるじゃない。

異物をつまみ出したそうな顔して座《すわ》ってるよ。

里村　いや、今、場内を、深い感動が包んでいて（会場笑）、もう声が出ないんです。

劉邦　そんなことない。もうあきれ返ってんだよ、この感じはねえ。あきれ返ってるんでさあ。

里村　とんでもないです。

今日は、本当に、漢《かん》の建国のお話から、現代の仕事まで教えていただきまして、非常に多くの学びを頂きました。

これからも、ご指導のほう、よろしくお願いいたします。

劉邦　「現代の天下取り」っていうのは、いろいろな方法があるからね。それを、あんまり決めつけないほうがいいと思うよ。

だから、現代で言やあさあ、信長《のぶなが》が生まれ変わってても、「焼き芋《いも》屋で天下を制覇する」なんていうこともありえるかもしれないからねえ。そういうことだってあるから。何でもって成功するかは分からんよ。

里村　範囲《はんい》を狭《せば》めないで、広く、政治や経済、あるいは、エンターテインメントまで含《ふく》めて、やっていこうということでございますので……。

劉邦　ただ、私のやってることは、そうは言っても、多くの人に語り継《つ》がれたり読まれたりするようなことが多いことは事実だわなあ。

つまり、影響力《えいきょうりょく》はかなりあるっていうことだよな。

だけど、意外に、オルガナイザー（組織者）であって、人と有機的につながって、力を発揮していくタイプであることは事実だな。組織人らしくないけど、組織がつくれたり動かしたりできるタイプなんだよなあ。

里村　分かりました。

幸福実現党に対して「現代で勝つためのアドバイス」を〝伝授〟

里村　今日は、長時間にわたりまして……。

劉邦　へんてこりんで、すまんかったねえ。

里村　いやいや、とんでもないです。

劉邦　いやあ、ハッハッハッ。

里村　今までにない、いろいろな角度からのアドバイスを頂きました。精進してまいりますので……。

劉邦　いやあ、君たちの〝伸びしろ〟の部分を、どうやってつくってやろうかと思うて、まだ、ちょっと考えてるところなんでね。

里村　あ！　ぜひ……。

劉邦　だから、ちょっと、言っといてやらないと。見ていて、自分たちで首を絞《し》めてるところが、そうとうあるから。

里村　はい。

劉邦　自分たちで、広がらないように頑張《がんば》ってるように見えるところがあってしょうがないから。

ちょっとは頑張ったらどうかねえ。美人党首が出て、「落選したら、私は真《ま》っ裸《ぱだか》になって逆立《さかだ》ちして銀座を歩きます」とか、公言したりしたら、みんな、どうするかねえ。やっぱり、警察のほうから、「それは困りますので、ぜひ当選してください」って言ってくるかも……。

釈　絶対勝ちますけど、いずれにしても、今から、シェイプアップに励《はげ》みたいと思います（笑）（会場笑）。

劉邦　ヘッヘッヘッヘッへ。いや、これは冗談だから、本気で聞いちゃいけないけど、まあ、ちょっと、頭の体操をしないといけないからね。

やっぱり、あんまり、「決め込み」や「決めつけ」が多いとよくないよ。受験秀才《しゅうさい》みたいのじゃ勝てないぞ。

もうちょっと頭を柔軟《じゅうなん》にしないと、現代では勝てないから、そのへんは言っておきたいな。

里村　はい。分かりました。本日は、まことにありがとうございました。

14　劉邦の霊言《れいげん》を終えて

アメリカの強さの根拠《こんきょ》である「軍隊」と「映画」

大川隆法　はい、ありがとう（手を二回叩《たた》く）。まあ、意外な人が出てきました。ちょっと驚《おどろ》きましたね。

里村　ええ。

大川隆法　ただ、話している途中《とちゅう》で、「スピルバーグ」の名前が浮《う》かんだんですよ。

里村　ほう。

大川隆法　確かに、戦争も知ってるでしょう。よく描いていますから、知っていることは知っているのだと思います。別なかたちでの「世界制覇《せいは》」ではありましょうな。

里村　ええ、そうです。

大川隆法　やはり、アメリカが強いといっても、「軍隊」も強いですが、もう一つは「映画」ですよ。「ハリウッド」の強さが、アメリカの強さでもあります。

あの人は、一種の預言者《よげんしゃ》だろうと思ってはいたのですけれども、もしかしたら過去世《かこぜ》に預言者もいるかもしれません。たぶん、ユダヤあたりの預言者がいるように思います。

ともかく、ある意味で、大きな成功を収めたのではないでしょうか。

里村　はい。

大川隆法　俳優には、いろいろなタイプの人がいますし、多くの人を使って、彼らを適役で配し、物語をつくっていくのですが、それは軍事でも同じなのかもしれません。それぞれの適性に合った役につけ、演じさせてドラマをつくっていくわけです。

彼（スピルバーグ）は、ドラマをつくっているのですが、「三国志《さんごくし》」や「項羽《こうう》と劉邦」あたりも、やはり一種のドラマでしょう。中国史におけるドラマなので、当時も、ドラマをつくっていたのかもしれません。

里村　確実に時代もつくっています。

大川隆法　そうですね。ドラマ性を増しているのではないでしょうか。面白《おもしろ》い生まれ方だと思います。

ただ、ビル・ゲイツのようなタイプについては拒否《きょひ》していました。ああいう頭のよさではないということなのでしょう。

「メディア戦」を制した者が「最終的な勝利者」となる

大川隆法　今世《こんぜ》は戦わなくても……、ああ！　そうか。映画のほうは戦うかもしれないのか。

里村　そういうことはありえます。

大川隆法　戦うかもしれないですね。宗教映画で戦うかもしれません。ある意味では、「挑戦状《ちょうせんじょう》」を受け取ったのかもしれないわけです。当会の映画部門のほうは、少し挑発されたのでしょう。「軍事で戦うだけではなくて、映画で中国人を折伏《しゃくぶく》してみろ。韓国《かんこく》・中国を折伏してみろよ」と言われているようにも思います。

里村　まさに「文化戦争」ですね。「ソフトウォー」です。

大川隆法　ヨーロッパもアフリカも、そうかもしれないですね。

これは一つのヒントですから、よく考えてみたいと思います。確かに、浄土真《じょうどしん》宗系《しゅう》にもエンターテインメント性はあるかもしれません。「何をやっても天国に行ける」というのは、面白い教えですよね。

里村　はい。

大川隆法　実に面白い。ただ、結局は信長《のぶなが》とも戦うぐらいの力を持ったわけです。軍事的な力まで持ったのですから、そういう意味で、あれは、面白いけれども、軍隊的な能力もあったことを意味しています。そういうところは、親鸞《しんらん》にはなかったのですが、蓮如《れんにょ》にはあったということです。

里村　結束力というか、行動力ですね。

大川隆法　企業家《きぎょうか》でもいけるし、あるいは、そういう大きな政治家や軍人でもいけるタイプでしょう。大企業をつくるタイプか、そうでなければ、今言ったようなタイプの人だと思います。

釈　当時も、●御文《おふみ》でメディア戦をやっていました。

大川隆法　確かに、現代は「メディア戦」かもしれません。ここで勝った者が、最終的には勝つのではないでしょうか。

政治家も、メディアには思いどおりにやられています。抵抗《ていこう》するのは、非常に大変でしょう。やはり、「メディアを制した者」が政治にも勝つわけです。

（釈に）あなたがたが勝つために、今日の霊言《れいげん》でのヒントは、「メディアを制さ

●御文　178ページ参照。

なければ勝てない」ということだと思います。この次の映画では、あなたも「通行人」として立っているだけではいけませんね。何か、もう少し頑張《がんば》らないといけないでしょう。

里村　ぜひ今度は通行人役ではなく、主役級で（笑）。

大川隆法　（笑）しかし、これも一つのヒントかもしれません。実際そうなのでしょう。安倍《あべ》さんも、ＮＨＫの〝支配〟を考えるなど、仕事をするのにずいぶん苦労しているのではないでしょうか。

とにかく、少し考えておきましょう。

里村　はい、ありがとうございました。

あとがき

劉邦は、政治家でいえば、リチャード・ニクソンや田中角栄的な人間通でありながら、最後まで失脚しない「完成の学」を知っている。愛され、嫌われ、怖《おそ》れられながらも、スケールの大きな仕事をやってのける人である。創業の学と帝王学の双方を体現した、役者のようなリーダーだと言ってもよかろう。

そう簡単にまねることはできないが、学ぶことの多い人である。人材登用、活用のうまさは、舌を巻くほどだ。

経営者や、いずれ大きな組織のリーダーになることを目指している人は、『項羽編』『劉邦編』二書は神の芸術を知る上でも必読である。

現代の課題の一つはイスラム教社会と先進国との調和だが、劉邦的リーダーの登場が必要かもしれない。

二〇一四年　四月三日

幸福《こうふく》の科学《かがく》グループ創始者兼総裁《そうししゃけんそうさい》　大川隆法《おおかわりゅうほう》

『項羽と劉邦の霊言 劉邦編――天下統一の秘術』大川隆法著作関連書籍

『黄金の法』（幸福の科学出版刊）

『日本よ、国家たれ！ 元台湾総統 李登輝守護霊 魂のメッセージ』（同右）

『項羽と劉邦の霊言 項羽編――勇気とは何か』（同右）

『周恩来の予言』（同右）

『司馬遼太郎なら、この国の未来をどう見るか』（同右）

『景気回復法』（同右）

『NHK新会長・籾井勝人守護霊 本音トーク・スペシャル』（同右）

『安倍昭恵首相夫人の守護霊トーク「家庭内野党」のホンネ、語ります。』（同右）

『マルクス・毛沢東のスピリチュアル・メッセージ』（同右）

『真の参謀の条件』（幸福実現党刊）

『百戦百勝の法則』（同右）
『安倍新総理スピリチュアル・インタビュー』（同右）
『中国と習近平に未来はあるか』（同右）
『李克強　次期中国首相　本心インタビュー』（同右）

項羽《こうう》と劉邦《りゅうほう》の霊言《れいげん》　劉邦編《りゅうほうへん》——天下統一《てんかとういつ》の秘術《ひじゅつ》

2014年 4 月21日　初版第 1 刷

著　者　　大《おお》　川《かわ》　隆《りゅう》　法《ほう》

発行所　　幸福の科学出版株式会社

〒107-0052 東京都港区赤坂 2 丁目 10 番 14 号
TEL(03)5573-7700
http://www.irhpress.co.jp/

印刷・製本　株式会社 堀内印刷所

落丁・乱丁本はおとりかえいたします

ISBN978-4-86395-455-7 C0030
photo：水谷嘉孝／Retna アフロ／AP アフロ／C.P.C. Photo／国立国会図書館

大川隆法霊言シリーズ・軍事的天才に学ぶ必勝の戦略

項羽と劉邦の霊言　項羽編
── 勇気とは何か

真のリーダーの条件とは何か──。乱世の英雄・項羽が、「小が大に勝つ極意」や「人物眼」の鍛え方、さらに、現代の中国や世界情勢について語る。

1,400円

百戦百勝の法則
韓信流・勝てる政治家の条件

人の心をつかむ人材となれ──。不敗の大将軍・韓信が、ビジネスにも人生にも使える、「現代の戦」に勝ち続ける極意を伝授。
【幸福実現党刊】

1,400円

真の参謀の条件
天才軍師・張良の霊言

「一国平和主義」を脱しなければ、日本に未来はない。劉邦を支えた名軍師が、日本外交&国防の問題点を鋭く指摘。日本の危機管理にアドバイス。
【幸福実現党刊】

1,400円

※表示価格は本体価格(税別)です。

大川隆法霊言シリーズ・最新刊

「忍耐の時代」の外交戦略 チャーチルの霊言

もしチャーチルなら、どんな外交戦略を立てるのか? “ヒットラーを倒した男”が語る、ウクライナ問題のゆくえと日米・日ロ外交の未来図とは。

1,400円

ウォルト・ディズニー 「感動を与える魔法」の秘密

世界の人々から愛される「夢と魔法の国」ディズニーランド。そのイマジネーションとクリエーションの秘密が、創業者自身によって語られる。

1,500円

安倍昭恵首相夫人の守護霊トーク「家庭内野党」のホンネ、語ります。

「原発」「ＴＰＰ」「対中・対韓政策」など、夫の政策に反対の発言をする型破りなファーストレディ、アッキー。その意外な本心を守護霊が明かす。

1,400円

※表示価格は本体価格(税別)です。

大川隆法 霊言シリーズ・中国が目指す世界戦略とは

中国と習近平に未来はあるか

反日デモの謎を解く

「反日デモ」も、「反原発・沖縄基地問題」も中国が仕組んだ日本占領への布石だった。緊迫する日中関係の未来を習近平氏守護霊に問う。
【幸福実現党刊】

1,400円

李克強 次期中国首相本心インタビュー

世界征服戦略の真実

「尖閣問題の真相」から、日本に向けられた「核ミサイルの実態」、アメリカを孤立させる「世界戦略」まで。日本に対抗策はあるのか!?
【幸福実現党刊】

1,400円

周恩来の予言

新中華帝国の隠れたる神

北朝鮮のミサイル問題の背後には、中国の思惑があった! 現代中国を霊界から指導する周恩来が語った、戦慄の世界覇権戦略とは!?

1,400円

幸福の科学出版

幸福の科学グループのご案内

宗教、教育、政治、出版などの活動を通じて、地球的ユートピアの実現を目指しています。

宗教法人　幸福の科学

一九八六年に立宗。一九九一年に宗教法人格を取得。信仰の対象は、地球系霊団の最高大霊、主エル・カンターレ。世界百カ国以上の国々に信者を持ち、全人類救済という尊い使命のもと、信者は、「愛」と「悟り」と「ユートピア建設」の教えの実践、伝道に励んでいます。

（二〇一四年四月現在）

愛

幸福の科学の「愛」とは、与える愛です。これは、仏教の慈悲《じひ》や布施《ふせ》の精神と同じことです。信者は、仏法真理をお伝えすることを通して、多くの方に幸福な人生を送っていただくための活動に励んでいます。

悟り

「悟り」とは、自らが仏の子であることを知るということです。教学《きょうがく》や精神統一によって心を磨き、智慧《ちえ》を得て悩みを解決すると共に、天使・菩薩《ぼさつ》の境地を目指し、より多くの人を救える力を身につけていきます。

ユートピア建設

私たち人間は、地上に理想世界を建設するという尊い使命を持って生まれてきています。社会の悪を押しとどめ、善を推し進めるために、信者はさまざまな活動に積極的に参加しています。

国内外の世界で貧困や災害、心の病で苦しんでいる人々に対しては、現地メンバーや支援団体と連携して、物心両面にわたり、あらゆる手段で手を差し伸べています。

年間約３万人の自殺者を減らすため、全国各地で街頭キャンペーンを展開しています。

公式サイト **www.withyou-hs.net**

ヘレン・ケラーを理想として活動する、ハンディキャップを持つ方とボランティアの会です。視聴覚障害者、肢体不自由な方々に仏法真理を学んでいただくための、さまざまなサポートをしています。

公式サイト **www.helen-hs.net**

INFORMATION

お近くの精舎・支部・拠点など、お問い合わせは、こちらまで！

幸福の科学サービスセンター

TEL. 03-5793-1727（受付時間 火～金：10～20時／土・日：10～18時）

宗教法人 幸福の科学 公式サイト happy-science.jp

教育

学校法人 幸福の科学学園

学校法人 幸福の科学学園は、幸福の科学の教育理念のもとにつくられた教育機関です。人間にとって最も大切な宗教教育の導入を通じて精神性を高めながら、ユートピア建設に貢献する人材輩出を目指しています。

幸福の科学学園

中学校・高等学校（那須本校）
2010年4月開校・栃木県那須郡（男女共学・全寮制）
TEL **0287-75-7777**
公式サイト **happy-science.ac.jp**

関西中学校・高等学校（関西校）
2013年4月開校・滋賀県大津市（男女共学・寮及び通学）
TEL **077-573-7774**
公式サイト **kansai.happy-science.ac.jp**

幸福の科学大学（仮称・設置認可申請中）
2015年開学予定
TEL **03-6277-7248**（幸福の科学 大学準備室）
公式サイト **university.happy-science.jp**

仏法真理塾「サクセスNo.1」 TEL **03-5750-0747**（東京本校）
小・中・高校生が、信仰教育を基礎にしながら、「勉強も『心の修行』」と考えて学んでいます。

不登校児支援スクール「ネバー・マインド」 TEL **03-5750-1741**
心の面からのアプローチを重視して、不登校の子供たちを支援しています。
また、障害児支援の「**ユー・アー・エンゼル!**」運動も行っています。

エンゼルプランV TEL **03-5750-0757**
幼少時からの心の教育を大切にして、信仰をベースにした幼児教育を行っています。

シニア・プラン21 TEL **03-6384-0778**
希望に満ちた生涯現役人生のために、年齢を問わず、多くの方が学んでいます。

NPO 活動支援

学校からのいじめ追放を目指し、さまざまな社会提言をしています。また、各地でのシンポジウムや学校への啓発ポスター掲示等に取り組むNPO「いじめから子供を守ろう！ネットワーク」を支援しています。

公式サイト **mamoro.org**
相談窓口 **TEL.03-5719-2170**
ブログ **mamoro.blog86.fc2.com**

政治

幸福実現党

内《ない》憂《ゆう》外《がい》患《かん》の国難に立ち向かうべく、二〇〇九年五月に幸福実現党を立党しました。創立者である大川隆法党総裁の精神的指導のもと、宗教だけでは解決できない問題に取り組み、幸福を具体化するための力になっています。

党員の機関紙
「幸福実現NEWS」

TEL 03-6441-0754
公式サイト hr-party.jp

出版メディア事業

幸福の科学出版

大川隆法総裁の仏法真理の書を中心に、ビジネス、自己啓発、小説など、さまざまなジャンルの書籍・雑誌を出版しています。他にも、映画事業、文学・学術発展のための振興事業、テレビ・ラジオ番組の提供など、幸福の科学文化を広げる事業を行っています。

アー・ユー・ハッピー?
are-you-happy.com

ザ・リバティ
the-liberty.com

幸福の科学出版
TEL 03-5573-7700
公式サイト irhpress.co.jp

THE FACT

ザ・ファクト
マスコミが報道しない
「事実」を世界に伝える
ネット・オピニオン番組

Youtubeにて
随時好評配信中!

ザ・ファクト 検索

入会のご案内

あなたも、幸福の科学に集い、
ほんとうの幸福を
見つけてみませんか？

幸福の科学では、大川隆法総裁が説く仏法真理をもとに、
「どうすれば幸福になれるのか、また、
他の人を幸福にできるのか」を学び、実践しています。

入会

大川隆法総裁の教えを信じ、学ぼうとする方なら、どなたでも入会できます。入会された方には、『入会版「正心法語」』が授与されます。（入会の奉納は1,000円目安です）

ネットでも**入会**
できます。詳しくは、
下記URLへ。
happy-science.jp/joinus

三帰《さんき》誓願《せいがん》

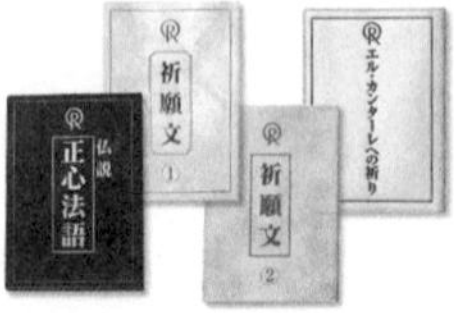

仏弟子としてさらに信仰を深めたい方は、仏・法・僧の三宝への帰依を誓う「三帰誓願式」を受けることができます。三帰誓願者には、『仏説・正心法語』『祈願文①』『祈願文②』『エル・カンターレへの祈り』が授与されます。

植福《しょくふく》の会

植福は、ユートピア建設のために、自分の富を差し出す尊い布施の行為です。布施の機会として、毎月1口1,000円からお申込みいただける、「植福の会」がございます。

「植福の会」に参加された方のうちご希望の方には、幸福の科学の小冊子（毎月1回）をお送りいたします。詳しくは、下記の電話番号までお問い合わせください。

月刊
「幸福の科学」

ザ・伝道

ヤング・ブッダ

ヘルメス・
エンゼルズ